結構方程模式：

Mplus 的應用

陳新豐 • 著

作者簡介

陳新豐

學歷：國立政治大學教育學系博士

現職：國立屏東教育大學教育學系副教授

經歷：嘉南藥理科技大學幼兒保育學系助理教授

美國馬里蘭大學EDMS（Measurement, Statistics, and Evaluation）

研究學者一年

個人網頁：http://cat.npue.edu.tw/

作者序

　　本書共分為六章，分別為結構方程模式概論、Mplus 操作實例、完整結構模型、多樣本分析、潛在成長模型以及 SEM 與 HLM 估計比較等。全書的結構中首先探討結構方程模式的認識及其觀念澄清、模式辨識及參數估計的方法說明、適配度指標等，接下來是介紹本書主要的分析工具 Mplus 如何應用在 SEM 的分析中。而後探討完整結構模型、多樣本分析以及潛在成長模型分析等實例的分析說明，最後比較 SEM 與 HLM 之估計方法。

　　本書是以實務及理論兼容的方式來介紹結構方程模式的相關分析，對於初次接觸結構方程模式的資料分析者運用於期刊論文的投稿上，實質上會有相當的助益。不過囿於個人知識能力有限，必有不少偏失及謬誤之處，願就教於先進學者，若蒙不吝指正，筆者必虛心學習，並於日後補正。

　　本書的完成要感謝的人相當多，尤其是鼓勵並支持我在研究中一直前進的林邦傑、余民寧老師。感謝心理出版社總編輯林敬堯先生對於本書的諸多協助，並慨允出版本書。

　　最後，要感謝我的妻子金雅，她用心照顧兩個可愛的兒女婉平及敬仁，使我無後顧之憂，而能夠全心地撰寫此書。

陳新豐　謹識

2014 年 3 月於國立屏東教育大學教育學系

目錄

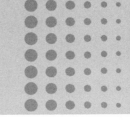

CHAPTER
1

結構方程模式概論

1.1
緒論

　　結構方程模式（structural equation modeling, SEM）是一種利用簡單的方式去描述資料的結構，讓資料分析者易於了解和解釋資料的內涵及其相關。結構方程模式提供了彈性的架構去檢驗假設的模式適配的情形，它的名稱類似於共變數結構分析（covariance structure analysis）、共變數結構模式（covariance structure modeling）、因果模式（causal modeling）或 LISREL〔線性結構相關（linear structural relationships）〕模式等。結構方程模式分析中主要涉及到模式的假設與考驗，並且嘗試去解釋模式中變項之間的關係，其中包括了多個潛在建構（構念）和多個自變項，而這錯綜複雜的關係即是結構方程模式所要探究在眾多觀察變項中的關係結構。

　　路徑分析（path analysis）模式可以稱為結構方程模式的初始模型，如圖 1-1，模式中只有觀察變項，並沒有潛在變項，而主要的功能在解釋觀察變項之間的關係，模式中認為觀察自變項是完全可信沒有誤差，這種情形在現實社會的觀察變項中是不易發生的，因此結構方程模式在模式的驗證中除了有潛在變項之外，並且認為所有的觀察變項具有個別的測量誤差，所以結構方程模式是一種綜合性的統計方法，是一種需要大樣本資料來驗證模式的分析技術。驗證式因素分析模式（confirmatory factor analysis model, CFA）主要的功能是在解釋潛在結構（因素）與觀察變項之間的關係，如

圖 1-2，至於完整的結構方程模式則包括了測量模型與結構模型，如圖 1-3。

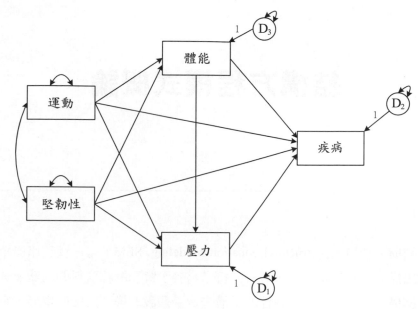

圖 1-1：路徑分析模式

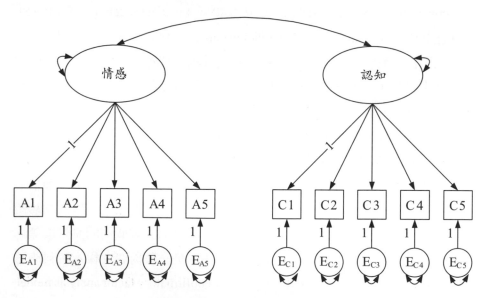

圖 1-2：驗證式因素分析模式

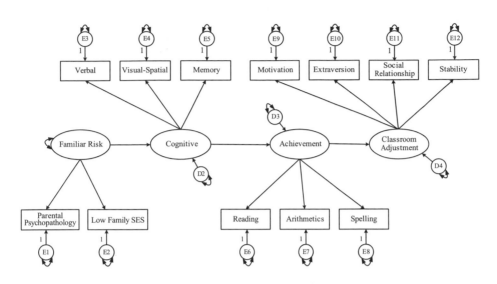

圖 1-3：完整的結構方程模式

　　結構方程模式分析技術主要包括了路徑分析模式（path analytic model，並不包括潛在變項）、驗證因素分析模式（confirmatory factor analysis model, CFA）、完整潛在變項模式（full latent variable model），完整潛在變項模式亦稱為結構迴歸模式（structural regression model, SR）、多重樣本分析的結構方程模式（multiple-sample SEM）、具有平均結構的結構方程模式（SEM with mean structures）以及潛在成長模型（latent growth model）等。關於多層次結構模型（HLM/MLM）的資料分析，結構方程模式亦可加以處理，類似的研究議題是目前發展的趨勢之一。

　　結構方程模式中有二種不同的變異性，一種是共同（common）的變異，而另一種則為獨特（unique）的變異。共同的變異中，變項的變異是由其他的變項來加以解釋。獨特的變異中，變項的變異是未和其他變項分享的，獨特的變異可以再細分二種，一種是誤差變異（error variance），而另一種則為系統變異（systematic variance）。誤差變異即是測量上的誤差（measurement error），發生系統變異的原因可能是因為在不同的方法下所產生的變異情形。

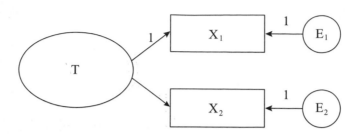

圖 1-4：結構方程模式之潛在變項示意圖

　　潛在變項表示的是在觀察的預測變項中，變項的共同變異，如圖 1-4 所示。

　　結構方程模式中的潛在變項可以區分為二種，一種為潛在自變項，另一種則為潛在依變項，潛在自變項又稱為外因變項（exogenous），而潛在依變項又稱為內因變項（endogenous）。潛在自變項是自變項，即是其他變項的因，潛在依變項是依變項，所以是其他變項的果。潛在自變項並不會有單箭頭指向它自己，而潛在依變項則會有單箭頭指向它。潛在依變項有存在干擾（disturbances）因素，而這個干擾因素所代表的是潛在依變項中未被測量出的變異（誤差）。

1.2
SEM 分析軟體

　　SEM 的電腦分析軟體中，主要有 LISREL、EQS、CALIS（SAS Procedure）、AMOS、SEPATH（STATISTICA）、Mplus、RAMONA（SYS-TAT）、Mx、R 等。其中有免費提供學生用（試用版）的軟體例如 AMOS、LISREL，以及 Mplus 等，雖然在學生用的版本中，模式估計的樣本大小、變項的數目上有些限制，但在學習 SEM 上仍然是很好的參考工具，至於 R、Mx 則是提供功能完全且免費的版本在 SEM 中分析使用。

　　以上的軟體都提供 SEM 模式參數的估計功能。其中有大部分的軟體可

以分析平均數結構或者是跨群組多樣本的分析，例如 EQS、LISREL 和 Mplus 都提供一些特殊的語法在跨群組多樣本的分析，不過，目前商業用的電腦分析軟體中，修正的速度非常快，若想要知道一些商業軟體的更新內容，可至相關的網站查詢最新的功能。

下面為這些 SEM 分析軟體的簡要說明。

一、AMOS

AMOS（Analysis of Moment Structures, http://www.spss.com/AMOS/）（Arbuckle, 1995-2009）目前的版本為第 19 版，SPSS 公司搭配 SPSS 分析軟體（目前更名為 PASW statistics）銷售，它可以單獨在視窗下執行（不需要在 SPSS 的視窗環境下），也可以是 SPSS 分析軟體下的功能，早期 AMOS 與 SPSS 是二個不同的分析軟體，而自從由 SPSS 公司銷售後，配合 SPSS 軟體的改版，目前 AMOS 與 SPSS 分析軟體的版本是一致的。AMOS 主要包含二個模組，AMOS Graphics 與 AMOS Basic。AMOS Graphics 提供使用者可以利用圖形的介面來加以設計所要驗證的模式、估計參數以及相關的適配性指標，並且在成長模型中提供相關的精靈功能，讓使用者可以快速地繪製成長模型的相關圖形並加以估計參數。另外在另類（alternative）的模式估計中，使用者藉由 specification search 的工具列，選擇相關的路徑，快速地估計所有可能的另類模式參數並提供比較。AMOS 也包括對所有的參數估計中標準誤以及信賴區間的 bootstrapped 估計功能，並具有無參數以及參數的 bootstrapping。

AMOS Basic 是以批次模式加以執行。它的語法提供了許多彈性的參數估計功能。AMOS Basic 的編輯器與 Microsoft Visual Basic 的直譯器相同，也就是使用者可以利用 Visual Basic 的語法來加以撰寫，例如一些在 AMOS Graphics 的分析報告中並未呈現模式的適合度，則可以利用這個介面來加以撰寫並計算出結果。

二、CALIS/TCALIS

　　CALIS（Covariance Analysis and Linear Structural Equations, http://www.sas.com/technologies/analytics/statistics/stat/inde.html）是 SAS/STAT9.2 的分析程序，可以在 Microsoft Windows 的作業系統，或者工作站的電腦中，包括 Linux、OpenVMS、AIX 或 Solaris 執行。它可以分析各種 SEM 模型的參數估計，例如 MR 或者是多變量的線性迴歸方程式。TCALIS 是 SAS9.2 版之後可以分析 SEM 的新程序，在驗證多重樣本的 SEM 模型，以及共變數變異數結構及平均數結構的分析上，它比 CALIS 具有更大的彈性。因為 TCALIS 比 CALIS 有更大的功能，所以以下僅介紹 TCALIS。

　　因為 TCALIS 這個程序只能批次執行，所以使用者必須在 SAS 的編輯環境中輸入指令，然後在 SAS 的工作環境中執行。TCALIS 可以使用像 LIS-REL 的矩陣為基礎的語法，也可以使用 EQS 方程式為基礎的語法，其符號系統（指令）則是以因果模式為基礎，例如許多研究者都熟知的 RAM（reticular action model）模型（McArdle & McDonald, 1984）。TCALIS 可以利用八種不同的方法來選擇參數估計的初始值，也可以選擇利用程序去控制最佳化參數的估計，若使用者了解其中語法的詳細用法，就可以有較彈性的估計結果。

三、EQS

　　EQS（Equations, http://www.mvsoft.com）（Bentler, 2006）目前最新的版本是 6.1 版，是在 Microsoft Windows 下執行的應用軟體，不過 EQS 也提供可以在 Mac 及 Unix 下執行的其他版本，EQS 環境下的編輯器提供使用者選擇部分樣本、變數的轉換以及檔案的合併等功能，在缺失值方面，提供了許多插補的方法來處理缺失資料。EQS 的使用者可以從三種方式來執行分析的程序，第一種方式為利用指令批次執行；第二種方式則為利用 EQS

提供的精靈功能來自動產生EQS的程序語法；第三種方式則是利用EQS的圖形編輯器來執行相關的分析工作。後二種方式並不需要撰寫EQS的程序語法，只要利用程式中所提供的工具即可以完成分析的工作（Bentler & Wu, 2002）。

四、LISREL

LISREL（Linear Structural Relationships, http://www.ssicentral.com/）目前最新的版本是 8.8 版（Jöreskog & Sörbom, 2006）。主要包括二個主要的程式，分別為 LISREL 以及 PRELIS。PRELIS 中包括了許多資料檢視及摘要的功能，也含有處理缺失資料的方法、bootstrapped 估計、計算多分相關（polychoric correlation）或多序列相關（polyserial correlation）的功能。

LISREL的程式提供了互動的模式，包括一系列的精靈提示讓使用者可以自動地撰寫出分析的命令程式，亦提供可繪製出結構方程的圖形讓使用者檢視，若使用者已經熟悉相關的語法，也可以直接在 LISREL 所提供的編輯環境中輸入並加以執行。

傳統的 LISREL 語法是以矩陣演算為主，這種語法對於初學者在不熟悉結構方程模式的八個參數矩陣時是不容易的，但若是熟悉這種傳統的語法，它是比較有效率的，因為它可以利用較少的指令來完成分析的工作。另外一種較簡單易學的語法為 SIMPLS（Simple LISREL），但它並不是以矩陣演算法為主來撰寫的，而且與傳統的 LISREL 語法並不太相似。

全功能版的 LISREL 在 SSI 的網站提供十五天的試用版，亦有針對學生提供的免費的學生版，只是限制總共能有十五個觀察變項，但對於初學者而言，這已是相當足夠了。

五、Mplus

Mplus（http://www.statmodel.com/）（Muthén & Muthén, 1998-2000）目

前最新的版本是 7.0 版，是在 Microsoft Windows 下執行的軟體。Mplus 提供了 Basic 以及三個額外分析潛在變項模式的版本，Mplus Basic 提供結構方程模式核心的分析功能再加上離散和連續時間的調查模式。Mplus 最特別之處是分析的結果變項包括連續、間斷、次序和計數的變項，也可進行缺失值資料的分析。在 5.1 版之後增加探索式的結構方程模式（ESEM）（Asparouhov & Muthén, 2009），其中 ESEM 是 SEM 和探索式因素分析的綜合應用。

　　Mplus 在程式的撰寫有二種方式，第一種是利用 Mplus 的編輯器來撰寫分析的程式，而另一種則是部分運用 Mplus 所提供的精靈來逐步填入程式分析所需的資料，例如，分析資料來源、資料變項、分析變項以及樣本人數等等。不過利用精靈的指令完成的程式碼並沒有分析（analysis）的詳細指令，還需要再將分析的指令填入才能正確執行分析的程序。

　　Mplus 除了 Basic 之外，尚提供三種額外功能的版本，第一個額外功能的版本為加入 Multilevel 的分析功能版本，主要是增加迴歸、因素分析以及 SEM 的多層次的分析功能。第二種額外功能的版本為 Mixture Model，主要是加入混合模式以及類別潛在變項方面的功能。第三種額外功能的版本則為綜合第一種以及第二種額外功能的版本。另外 Mplus 也提供的免費學生版本，功能只提供八個觀察變項的分析，讓初學者也可以使用 Mplus 的分析功能。

六、Mx

　　Mx（matrix, http://www.vcu.edu/mx/）（Neale, Boker, Xie, & Maes, 2003）是一套矩陣演算和數值最佳化的軟體，可以進行結構方程模式以及多變量的統計分析，它在許多作業平台環境下都可以執行，例如 Microsoft Windows、Macintosh OSX、LINUX 等。Mx 有二種方法來進行相關的分析，第一種方法為寫命令語法至 Mx 的編輯環境中，然後批次執行，另外一種方法則是利用 Mx 所提供的繪圖編輯器來繪製相關的模式圖之後再加以執行，

此種方法並不用事先知道 Mx 的程式語法即可執行。在 Mx 的圖形編輯環境中是以 RAM 的表示為基礎來進行，當使用者繪製完模式圖之後執行，Mx 會自動將圖形轉換成語法後執行相關的分析工作。

七、RAMONA

RAMONA（reticular action model or near approximation, http://www.systat.com/）（Systat Software, Inc., 2009）是 SYSTAT13 中分析 SEM 的模組。SYSTAT13 是一種在 Microsoft Windows 環境下執行的綜合性分析軟體。使用者可以利用 SYSTAT13 的環境，執行 RAMONA 的命令批次執行分析的工作，另外一個方法就是利用精靈的對話框來進行分析。SYSTAT13 的 RAMONA 模組無法分析多群組的 SEM，也沒有直接的方法去分析平均結構。SYSTAT 的免費學生版為 MYSTAT，其中並不包括 RAMONA 的模組，而全功能版的 SYSTAT 則提供三十天的試用版可下載使用。

八、SEPATH

SEPATH（structural equation modeling and path analysis, http://www.statsoft.com/）（StatSoft, Inc., 2009）是 STATISTICA9 中 SEM 的分析模組，而 STATISTICS9 是一個綜合性的分析軟體。執行 SEPATH 有三種方法，第一種是將 PATH1 語法直接輸入在對話視窗中；其他二種方法不需要學習 PATH1 的語法即可執行，第二種是利用圖形的視窗建構工具（path tool）來執行，第三種則為利用圖形的精靈（path wizards）來執行，而這二種方法，先開啟資料，利用這二個工具來命名分析的變數、名稱及其關係後，STATISTIC9 統計軟體會自動產生 PATH1 的語法來進行 SEM 的分析。全功能版的 STATISTICA 提供三十天的試用版免費下載。

九、R

R 是由 S 語言轉變而來，是貝爾實驗室（Bell Labs）的整合型資料處理軟體及統計軟體，同時也是繪圖軟體。R 的分析執行及大致上的語言方式與 S 或 S-plus 語言一致，最大的不同在於結果的輸出，S-PLUS 是一個商業性的統計分析軟體，但 R 是一個免費、共同開發的自由軟體，可自由在網路（http://www.r-project.org/）下載使用。R 可以在許多作業系統環境下執行，例如 Microsoft Windows、Linux、Macintosh OSX 等，R 安裝基礎模組後就具有許多統計的功能類似 SPSS，除此之外，目前大約有超過 1,700 個額外的模組或者是套件可供新增功能，例如：Fox（2006）就發展了 SEM 分析的套件可供使用。尚有其他可供 SEM 使用的套件，boot 這個套件就提供 bootstrapping 和計算多分相關（polychoric correlation）或多序列相關（polyserial correlation）的功能。

使用者利用 R 來進行 SEM 的分析有二種主要的方式，第一種是在 R 環境中單獨執行，以互動式的方式來進行，而另一種方式則是利用 R 所提供的程式編輯器，將所需要執行的命令輸入之後，批次執行相關的分析命令。利用 R 來執行 SEM 的分析，與許多商業軟體（Mplus、AMOS、LISREL）相較，目前仍有一些不足之處，例如目前 SEM 這個套件並沒有提供跨群組 SEM 的分析功能，但因為它是一個開放的自由軟體，相信未來會再增加更多的功能讓使用者來進行 SEM 的分析。

1.3

SEM 的分析步驟

結構方程模式主要的分析步驟可以分為六個步驟，另外還有二個選擇式的步驟。其中主要的六個步驟分別為：(1)模式列述（specify the model）；(2)模式辨識（model identified）；(3)測量的選擇與資料的蒐集；(4)模式的

估計（estimate the model）以及適配性；(5)模式的再確認（respecify the model）；(6)報告分析結果（report the result）（Kline, 2011）。另外二個選擇式的步驟則分別為：(7)複製結果（replication）；以及(8)應用結果（application），以下將詳細說明前六個主要的步驟。

一、模式列述

　　類似在迴歸分析以及變異數分析的模式中，列出自變項以及依變項的內容，只是在SEM的模式中需要更完整的資訊。結構方程模式中圖形的表徵一般都會採用 RAM（reticular action model）來加以表示。觀察變項以正方形或長方形的圖形來表示，潛在變項則是以圓形或者是橢圓形來表示，直接的效果會以單箭頭來代表（→），共變數則是利用雙箭頭來連接二個變項。變異數則是以雙箭頭連接變項自己本身。

　　圖 1-5 是標準的驗證性因素分析的圖形，有二個潛在變項（A、B）用圓形來表示，而且這二個潛在變項都是潛在自變項，並沒有潛在依變項。六個觀察變項（X_1 至 X_6）用正方形來表示，有六個測量誤差（E_1 至 E_6）用圓形來表示。有十二個直接效果，分別用單箭頭來表示，並且每個測量誤差皆有變異數，另外還有一個共變數用雙箭頭連接 A 與 B 這二個潛在自變項。

二、模式辨識

　　這模式多元迴歸的問題必須要可以被辨識，亦即所獲得的模式需要有個簡單的唯一解，在結構方程模式中，模式的辨識一定要被滿足，否則無法驗證模式。結構方程模式的模式辨識中有二個基本的必備條件（Kline, 2011）。

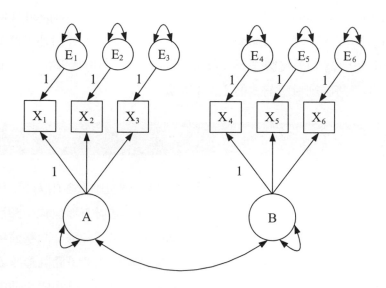

圖 1-5：標準驗證性因素分析圖

1. 所有的潛在變項包括殘差項，都必須賦予一個量尺單位，此必備條件稱為量尺相依原則（scale dependence rule）。所有的潛在變項中，一定會有一個路徑參數被指定為 1，因為它就是這個潛在變項的單位，因為潛在變項是由許多觀察變項而來，而這些潛在變項的量尺單位並非會完全一致，所以潛在變項需要指定一個單位。潛在變項量尺相依的原則會有二種處理方式（ULI、UVI），ULI（unit loading identification）是將潛在變項與某一個觀察變項（SEM分析的軟體通常會指定第一個觀察變項，使用者也可以自己指定）的因素負荷量指定為 1，UVI（unit variance identification）則是將潛在變項的變異數固定為 1，不過UVI在許多SEM的應用中是不適合的。干擾變項（disturbance）在路徑模式中只有一個潛在變項，而且干擾變項通常會利用 ULI，將干擾變項的路徑係數固定為 1。

2. 參數估計的自由度必須要大於 0（$df \geq 0$），此一原則也稱為 t 規則。自由度的計算為觀察變項的數目和估計參數數目的差。假如自由度

大於等於 0 時，稱為模式可辨識，自由度為 0 則是模式恰好辨識（just identified），有唯一解，若自由度大於 0 稱為過度辨識（over identified），代表模式可被估計，參數估計有解。假如自由度小於 0 稱為模式無法辨識（under identified model），代表模式沒有參數空間可被估計，亦即結構方程模式中並無法被估計。

另外在 CFA 中，模式的辨識需要符合下列的條件。

1. 假如 CFA 模型中只有一個潛在因素，至少要有三個以上觀察變項，此時的模式才可以被辨識，而此辨識原則稱為三個指標原則（3-indicator rule）。

2. 假如 CFA 模型中有二個或更多個潛在因素，而此時每個潛在因素至少需要二個以上的觀察變項，此時的模式才可被辨識，此辨識原則稱為二個指標原則（2-indicator rule）。

在 CFA 中，模式的辨識尚有許多原則，除了三個指標原則以及二個指標原則外，尚有 t 規則、虛無 β 規則等，將於 1-7 節時再予以詳細說明 CFA 的辨識原則。

三、測量的選擇與資料的蒐集

這個步驟主要是選擇好的測量單位、蒐集資料並且檢視資料的特性，例如資料是否有共線性的問題、極端值的判斷、缺失資料的處理方式以及是否符合多元常態的假設等等。

四、模式的估計以及適配性

模式的估計即需要利用 SEM 的電腦估計軟體來進行參數估計及模式適配情形的驗證，需要執行幾件事：(1)評估模式的適配情形；(2)參數估計情形的解釋；(3)考慮恆等（equivalent）或者近似於恆等的模式等。模式的估計以及解釋中必須注意的事，是模式是否有正常地收斂？資料適配模式的

情形如何？是否有負的變異數？標準迴歸係數是否小於 1 等情形。

五、模式的再確認

研究者一般需要再確認模式是否與初始模式有所差異，根據理論所建立的初始模式與模式估計結果適配的模式有所差異時，研究者也許需要參考理論是否可加以調整，而這個步驟可以加入一些理論考慮的角度而不是只依賴純統計估計的結果而已。並且要進行模式再確認的模式必須是可被辨識的模式，若不是的話，則需要有個可被估計的模式出現為止。

六、報告分析結果

最後一個步驟是將分析的結果正確且完整地加以描述，亦即如何將 SEM 的分析結果正確地報告，報告的內容大致會從模式列述、模式辨識、資料與估計方法、適配性指標、參數估計及其標準誤以及是否列述另類（alternative）的模式等六個向度來加以報告（Boomsma, 2000; McDonald & Ho, 2002; Schreiber, Stage, King, Nora, & Barlow, 2006）。

圖 1-6 即為上述六個結構方程模式分析步驟的示意圖。

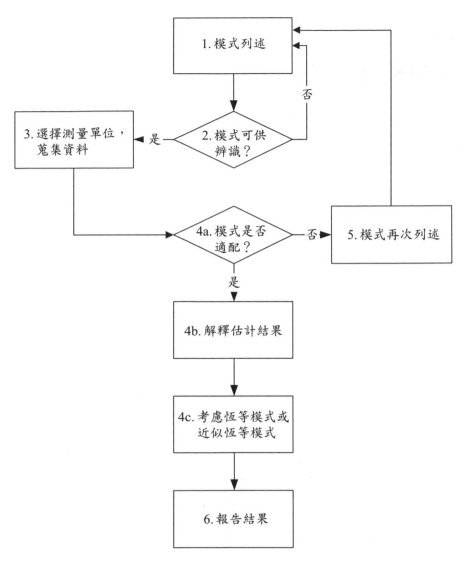

圖 1-6：SEM 基本分析流程圖

資料來源：*Principles and practice of structural equation modeling* (3rd) (p. 92), by Kline, 2011, NY:
The Guilford Press.

1.4
SEM 的統計原理

完整的結構方程模式又稱為混合模型（hybrid model）、結構迴歸模型（structural regression model）等（Kline, 2011），亦可簡稱為 SR 模型，完整的結構方程模型包括二個部分，一個為測量模型，另一則為結構模型，以下將以一完整的結構方程模式來說明結構方程模式的統計原理，圖 1-7 即是一個完整結構方程模式的結構圖。

圖 1-7 中，虛線框框的範圍表示是潛在自變項與潛在依變項的測量模型，而實線框框的範圍則為整合模式。其中有六個觀察自變項（X_1至X_6），以及六個觀察依變項（Y_1至Y_6），二個潛在自變項以 ξ（xi/ksi）表示，二個潛在依變項以 η（eta）來表示，六個觀察自變項的測量誤差以 δ 表示，六個觀察依變項的測量誤差以 ε 表示，潛在依變項的干擾變項則以 ζ 來表

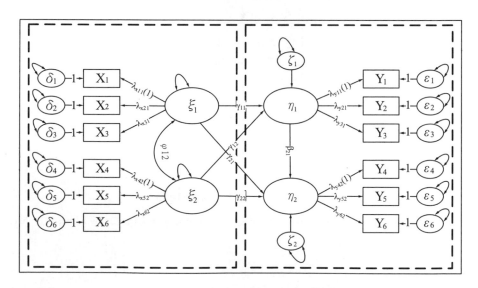

圖 1-7：結構方程模式完整模式圖

示。在關係部分別有：(1)潛在自變項 ξ 與潛在自變項 ξ 的關係，以 Φ 表示；(2)潛在自變項 ξ 與潛在依變項 η 的關係，以 Γ 表示；(3)潛在依變項 η 與潛在依變項 η 的關係，以 B 表示；(4)潛在自變項 ξ 與 X 變項的關係，以 Λ_x 表示；(5)潛在依變項 η 與 Y 變項的關係，以 Λ_y 表示。

綜上所述，總共會有八個矩陣來表示上圖完整結構方程模式的關係，分別為 Φ（phi）、 Γ（gamma）、B（beta）、Λ_x（lambda X）、Λ_y（lambda Y）、Θ_δ（theta delta）、Θ_ε（theta epsilon）、ζ（zeta）等參數矩陣。

從整合模式中潛在依變項的解釋來源可以表示成方程式 1-1 及方程式 1-2。

$$\eta_1 = \gamma_{11}\xi_1 + \gamma_{12}\xi_2 + \zeta_1 \tag{1-1}$$

$$\eta_2 = \gamma_{21}\xi_1 + \gamma_{22}\xi_2 + \beta_{21}\eta_1 + \xi_2 \tag{1-2}$$

方程式 1-1 及方程式 1-2 若加以合併後，其表示的矩陣方程式如方程式 1-3。

$$\begin{bmatrix} \eta_1 \\ \eta_2 \end{bmatrix} = \begin{bmatrix} \gamma_{11} & \gamma_{12} \\ \gamma_{21} & \gamma_{22} \end{bmatrix} \times \begin{bmatrix} \xi_1 \\ \xi_2 \end{bmatrix} + \begin{bmatrix} 0 & 0 \\ \beta_{21} & 0 \end{bmatrix} \times \begin{bmatrix} \eta_1 \\ \eta_2 \end{bmatrix} + \begin{bmatrix} \zeta_1 \\ \zeta_2 \end{bmatrix}$$

$$= \begin{bmatrix} \gamma_{11}\xi_1 + \gamma_{12}\xi_2 + \zeta_1 \\ \gamma_{21}\xi_1 + \gamma_{22}\xi_2 + \beta_{21}\eta_1 + \zeta_2 \end{bmatrix} \tag{1-3}$$

因此完整的結構方程模式中結構模型可以簡化以下列方程式 1-4 來表示。

$$\eta = \Gamma\xi + B\eta + \zeta \tag{1-4}$$

根據完整的結構方程模式圖（圖 1-7），六個觀察自變項（X_1 至 X_6）可以方程式 1-5 來表示。

$$x_1 = \lambda_{x11}\xi_1 + \delta_1$$
$$x_2 = \lambda_{x21}\xi_1 + \delta_2$$
$$x_3 = \lambda_{x31}\xi_1 + \delta_3$$

$$x_4 = \lambda_{x42}\xi_2 + \delta_4$$

$$x_5 = \lambda_{x52}\xi_2 + \delta_5$$

$$x_6 = \lambda_{x62}\xi_2 + \delta_6 \qquad (1\text{-}5)$$

若以矩陣表示，則六個觀察自變項又可以表示如方程式 1-6。

$$
\begin{bmatrix} x_1 \\ x_2 \\ x_3 \\ x_4 \\ x_5 \\ x_6 \end{bmatrix}
=
\begin{bmatrix} \lambda_{x11} & 0 \\ \lambda_{x21} & 0 \\ \lambda_{x31} & 0 \\ 0 & \lambda_{x42} \\ 0 & \lambda_{x52} \\ 0 & \lambda_{x62} \end{bmatrix}
\times
\begin{bmatrix} \xi_1 \\ \xi_2 \end{bmatrix}
+
\begin{bmatrix} \delta_1 \\ \delta_2 \\ \delta_3 \\ \delta_4 \\ \delta_5 \\ \delta_6 \end{bmatrix}
$$

$$
=
\begin{bmatrix}
\lambda_{x11}\xi_1 + \delta_1 \\
\lambda_{x21}\xi_1 + \delta_2 \\
\lambda_{x31}\xi_1 + \delta_3 \\
\lambda_{x42}\xi_2 + \delta_4 \\
\lambda_{x52}\xi_2 + \delta_5 \\
\lambda_{x62}\xi_2 + \delta_6
\end{bmatrix}
\qquad (1\text{-}6)
$$

觀察自變項之測量模型可以簡化表示成方程式 1-7，如下所示。

$$X = \Lambda_x \xi + \delta \qquad (1\text{-}7)$$

因此，六個觀察依變項（Y_1 至 Y_6）表示的矩陣可如方程式 1-8 所示。

$$
\begin{bmatrix} y_1 \\ y_2 \\ y_3 \\ y_4 \\ y_5 \\ y_6 \end{bmatrix}
=
\begin{bmatrix} \lambda_{y11} & 0 \\ \lambda_{y21} & 0 \\ \lambda_{y31} & 0 \\ 0 & \lambda_{y42} \\ 0 & \lambda_{y52} \\ 0 & \lambda_{y62} \end{bmatrix}
\times
\begin{bmatrix} \eta_1 \\ \eta_2 \end{bmatrix}
+
\begin{bmatrix} \varepsilon_1 \\ \varepsilon_2 \\ \varepsilon_3 \\ \varepsilon_4 \\ \varepsilon_5 \\ \varepsilon_6 \end{bmatrix}
$$

$$= \begin{bmatrix} \lambda_{y11}\eta_1 + \varepsilon_1 \\ \lambda_{y21}\eta_1 + \varepsilon_2 \\ \lambda_{y31}\eta_1 + \varepsilon_3 \\ \lambda_{y42}\eta_2 + \varepsilon_4 \\ \lambda_{y52}\eta_2 + \varepsilon_5 \\ \lambda_{y62}\eta_2 + \varepsilon_6 \end{bmatrix}$$ （1-8）

觀察依變項 Y 之測量模型可以簡化表示如方程式 1-9。

$$Y = \Lambda_y\eta + \varepsilon$$ （1-9）

線性結構模式分析時，依結構方程模式圖，將所要估計的參數代入完整結構模型中，然後估計圖 1-7 所需的 Γ、B、Λ_x、Λ_y、Θ_δ（δ）、Θ_ε（ε）、Φ、Ψ（ζ）等八個參數矩陣。

此時理論值的變異數共變數矩陣可以表示為：

$$\Sigma = \begin{bmatrix} \Sigma_y & \Sigma_{yx} \\ \Sigma_{xy} & \Sigma_x \end{bmatrix} = \begin{bmatrix} \Lambda_yA(\Gamma\Phi\Gamma' + \Psi)A'\Lambda'_y + \Theta_\varepsilon & \Lambda_yA\Gamma\Phi\Lambda'_x \\ \Lambda_x\Phi\Gamma'A'\Lambda'_y & \Lambda_x\Phi\Lambda'_x + \Theta_\delta \end{bmatrix}$$ （1-10）

其中的 Γ' 為 Γ 的轉置矩陣，A 代表 $\dfrac{1}{(I-B)}$，I 為單位矩陣，A'、Λ'_x、Λ'_y 則分別為 A、Λ_x、Λ_y 的轉置矩陣。八個參數矩陣的估計是以迭代方式進行，每迭代一次，統計分析軟體自動將估計所得的八個參數矩陣代入 Σ 矩陣中，此時的變異數共變數矩陣又稱為 $\hat{\Sigma}$，並且計算方程式 1-11 的適配函數 F_{ML}。

$$F_{ML} = \log|\hat{\Sigma}| + tr(S\hat{\Sigma}^{-1}) - \log|S| - (p+q)$$ （1-11）

上式中的 p 是潛在自變項的數目，q 是潛在依變項的個數。當 S（觀察資料）與 $\hat{\Sigma}$ 是完全適配時，$F_{ML} = 0$，因為 $S = \hat{\Sigma}$，則 $S\hat{\Sigma}^{-1} = I$，$tr(I) = p + q$，故 $F_{ML} = 0$。隨著迭代次數的增加，適合度函數大致上會愈來愈小。當前後兩次的適合度函數值差異小於收斂標準時，統計分析軟體就會停止估計工作，此時所得的適合度函數是為最小適合度函數值，並進行 χ^2 考驗，此時

的考驗結果即為模式適配的情形。

$$\chi^2 = (N-1) \times F_{ML} \qquad\qquad (1\text{-}12)$$

$$df = \frac{1}{2}(p+q)(p+q+1) - t \qquad\qquad (1\text{-}13)$$

其中卡方值的方程式（方程式 1-12）中的 N 是樣本數，卡方值自由度（df）計算方程式（方程式 1-13）中 t 為所要估計的參數數目總和，以上述測量模型為例，有六個潛在自變項、六個潛在依變項，$t = 6 + 6 = 12$。如果檢定結果 χ^2 值不顯著，則接受虛無假設，表示理論模式與觀察所得資料相符（即 $\Sigma = S$）；反之，若達顯著水準，則需要推翻虛無假設，承認對立假設，即代表理論模式與觀察所得資料不相符，亦即觀察資料的 S 與理論模式下的 Σ 並不相等，所以卡方值的檢定結果可以讓研究者了解實際的觀察資料與所要驗證的理論模式是否適配。不過，因為卡方值的檢定結果非常容易受到樣本人數的影響，所以要判斷實際觀察資料與理論模式是否適配，不會只有依據卡方值的檢定結果，尚有其他的適配度指標可以讓研究者綜合判斷模式的適配情形，詳細的適配指標則在後續會加以說明。

1.5
相關名詞及概念

以下就結構方程模式中的一些相關名詞及概念加以說明如下。

一、變項的二種型式

變項有二種型式，一種是共同（分享）的變項，而另一種則是獨特（未共享）的變項。其中共同（分享）的變項其變異是由其他的變項共同解釋，而另一種獨特（未共享）的變項，其變項的變異是未和其他變項一起共享，而獨特未共享的變項則有二種類型如下。

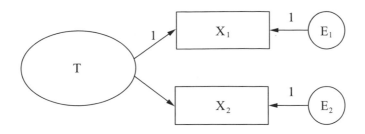

圖 1-8：潛在變項與觀察變項之關係圖

1. 誤差變異——這種獨特的變異是由於測量所產生的誤差。
2. 系統性變異——這種獨特的變異是系統性的誤差。例如：當測量變項時由於不同方法所產生的方法上的變異。

　　此時潛在變項所表徵的是從觀察變項的特徵中共同變異的成分。理想的狀況下所表示的是由於研究者所感興趣的理論建構而成。圖 1-8 即為潛在變項與觀察變項之間的關係表徵。其中 T 代表的即是潛在變項，X_1 和 X_2 則為觀察變項，至於 E_1 和 E_2 則為誤差變項。

二、潛在變項是否可以減少測量的誤差？真或假？

　　上述的命題中，測量的誤差來源可能是時間抽樣的誤差、內容抽樣上的誤差以及計分上的誤差等，而什麼是潛在變項誤差的來源呢？因為潛在變項的指標是指向觀察變項，所以從解釋觀察變項來說，可自潛在變項以及誤差等二個部分來共享，因此估計潛在變項當然可以減少測量所造成的誤差。

三、潛在自變項與潛在依變項的區別

　　潛在自變項（exogenous）所扮演的角色是其他變項的因，而當研究者估計且模式無法解釋時，變異以及共變的成分即是在所有的潛在自變項之

中。需要特別注意的是，潛在自變項並不會有任何箭頭指向它。

由於潛在依變項（endogenous）是其他變項所造成的果，它所扮演的
角色即是其他潛在自變項所造成的果，而這即是模式中可解釋的變異成分。
所有的單箭頭都會指向潛在依變項。潛在依變項是模式中所能解釋的部分，
研究者無法估計潛在依變項的變異數，其變異是由干擾變項（disturbance）
所造成的。

何謂干擾變項呢？所有的潛在依變項都存在著干擾變項，而干擾變項
所代表的是潛在依變項中無法測量的變異部分。

由圖 1-9 來加以說明潛在自變項以及潛在依變項的區別。

1. 時間 1 中閱讀（reading）和音韻覺識（phonological awareness）是潛
   在自變項。其中雙箭頭代表的是二個潛在自變項之間的共變部分，
   而這個共變部分是目前因果模式範圍之外所造成的。

2. 時間 2 中閱讀（reading）和音韻覺識（phonological awareness）代表
   的是潛在依變項。在模式中所代表的是模式中其他變項所造成的果，
   並且有單一的箭頭指向它。

綜上所述，潛在自變項以及潛在依變項簡單的區分方式是潛在自變項
並不會出現單箭頭指向它，而具有單箭頭指向的即為潛在依變項，並且指
向潛在依變項的是干擾變項。

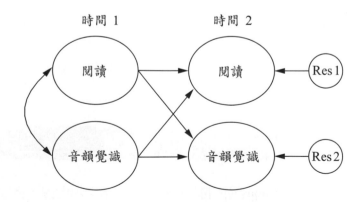

圖 1-9：潛在自變項與潛在依變項之區別示意圖

1.6

模式列述

　　結構方程模式在圖形的表徵上大部分是採用McArdle-McDonald reticular action model（RAM）的表徵方式。其中正方形或者是長方形代表的是觀察變項；圓形或者是橢圓形所代表的是潛在變項；單箭頭代表的是直接效果；連結二個變項的雙箭頭代表的是共變數；連接變項自己本身的雙箭頭代表的是變異數，如圖 1-10 所示。

　　利用RAM的圖形表徵在結構方程模式教學上的優勢主要有下列三點，說明如下。

1. 可以代表所有被估計的參數。其中單箭頭連接二個變項，表示解釋變異；雙箭頭連接二個變項，表示相關或共變關係；雙箭頭連接一個變項自己，表示殘差變異。

2. 箭頭上具有數字，例如當負荷量為 1 時所代表的量尺的單位，與其他被估計的參數不同的是代表這個估計參數是固定的，不用再估計。

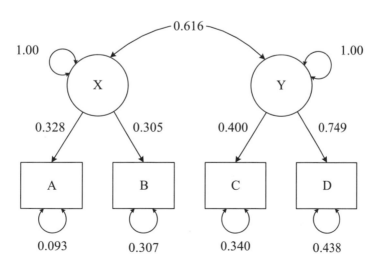

圖 1-10：結構方程模式 RAM 表徵方式示意圖

3. 在RAM的圖形表徵中可以很容易計算出模式所有估計參數的數目。

至於在傳統圖形中辨識估計的參數上，RAM與傳統圖形上的表示只有一個差異之處，RAM利用雙箭頭連接變項本身來代表變異數，但在傳統的圖形表徵中，所有單箭頭和雙箭頭（沒有固定的值）表示潛在自變項的變異數以及所有潛在依變項的干擾項（殘差）。在結構方程模式中驗證性因素分析和測量模型部分的規範中，主要是利用二種方程式來加以表示：(1) 因素方程式所代表的是潛在變項與觀察變項之間的相關係數矩陣；(2)共變方程式所代表的是參數估計與觀察的共變數矩陣。

因素方程式中，用以表示矩陣的格式或者是類似迴歸的方程式，其中X代表觀察變項（自變項），λ（lambda）表示迴歸係數，ξ（xi）是一個獨立變項，δ（delta）所代表的是殘差變異，利用矩陣可以表示如方程式1-14。

$$\begin{bmatrix} X_1 \\ X_2 \\ X_3 \\ X_4 \end{bmatrix} = \begin{bmatrix} \lambda_{11} & 0 \\ \lambda_{21} & 0 \\ 0 & \lambda_{32} \\ 0 & \lambda_{42} \end{bmatrix} \begin{bmatrix} \xi_1 \\ \xi_2 \end{bmatrix} + \begin{bmatrix} \delta_1 \\ \delta_2 \\ \delta_3 \\ \delta_4 \end{bmatrix} \tag{1-14}$$

若是利用迴歸方程的方程式可以表示如下四個簡單迴歸方程式：

$X_1 = \lambda_{11}\xi_1 + \delta_1$

$X_2 = \lambda_{21}\xi_1 + \delta_2$

$X_3 = \lambda_{32}\xi_2 + \delta_3$

$X_4 = \lambda_{42}\xi_2 + \delta_4$

共變數方程式部分中，共變數方程是觀察共變數矩陣到模型中估計參數之間的相關，如方程式 1-15 所述。

$$\Sigma = \Lambda\phi\Lambda' + \Theta \tag{1-15}$$

上式中的 Σ（sigma）是觀察變項的共變數矩陣，Λ（lambda）是觀察變項中共同因素的負荷量矩陣，Λ' 是代表 Λ 的轉置矩陣，ϕ（phi）是共同因素的共變數矩陣，Θ（theta）是獨特（殘差）因素的共變數矩陣。

接下來談到模式列述中，也是考慮的因果模型，因果模型的類型可以分為二種，分別為遞迴（recursive）模型與非遞迴（non recursive）模型，其中的遞迴模型具有沒有方向性的因果方向。它避免有 X 造成 Y，而 Y 又來造成 X 的影響，或者是 X 是 Y 的因，而且 Y 是 Z 的因，而 Z 又是 X 的因的情形發生，遞迴模型如圖 1-11 及圖 1-12 所示。

另外一種非遞迴模型許可雙方向性的因果方向，而且變項是它本身的因，若用圖形可以如圖 1-13 以及圖 1-14 所示。

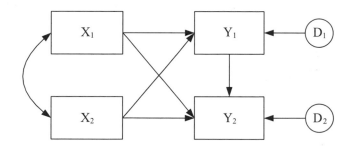

圖 1-11：遞迴模型圖(1)

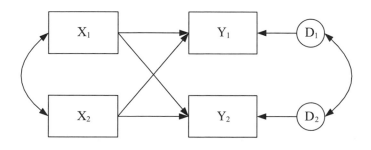

圖 1-12：遞迴模型圖(2)

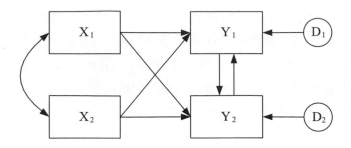

圖 1-13：非遞迴模型圖(1)

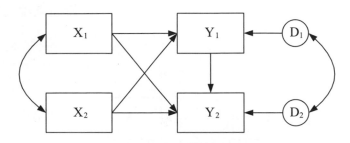

圖 1-14：非遞迴模型圖(2)

　　SEM 的基本方程式包括結構模型以及測量模型，以下為結構模型的方程式。

$$\eta = B\eta + \Gamma\xi + \zeta \qquad\qquad\qquad (1\text{-}16)$$

　　方程式 1-16 中 η（eta）所代表的是潛在依變項的向量，B（beta）是潛在依變項影響到其他潛在依變項的因果矩陣，Γ（gamma）是潛在自變項影響潛在依變項的影響係數矩陣，ξ（xi）是潛在自變項的向量，ζ（zeta）是結構方程式的誤差向量。方程式 1-17 所代表的則為測量模型的方程式。

$$x = \Lambda_x \xi + \delta \qquad\qquad\qquad (1\text{-}17)$$

　　方程式 1-17 中 x 是觀察自變項的向量，Λ_x（lamda x）是潛在自變項可以解釋觀察自變項的負荷量矩陣，ζ（xi）是潛在自變項的向量，δ（delta）

是獨特殘差的向量，而方程式 1-18 所代表的則是觀察依變項的測量模型方程式。

$$y = \Lambda_y \eta + \varepsilon \tag{1-18}$$

方程式 1-18 中 y 是觀察依變項的向量，Λ_y（lambda y）是潛在依變項可以解釋觀察依項的負荷量矩陣，ε（epsilon）是獨特殘差的向量。

綜上所述，結構方程式的模式列述可依照傳統或者 RAM 的圖形表徵方式列述測量模型或者是完整結構的模型，而此列述的模型則可以讓研究者了解結構方程式中觀察變項與潛在變項、誤差變異、解釋變異、相關（共變）等之間的圖形表徵模型。

1.7
模式辨識

結構方程模式中若參數可被估計，模式是否可供辨識是一個初步且必備的條件，因此，就在結構方程模式的參數估計中模式是否可供辨識的原則說明如下。

一、模式辨識的必要條件

結構方程模式中，模式需要可被辨識，辨識是指模式的特性而不是針對資料而言。任何類型 SEM 的模型辨識中均有二個必備條件（Kline, 2011）。

1. 潛在變項必須被賦予一個量尺

潛在變項必須被賦予一個尺單位，以利於結構方程模式的估計軟體可以估計潛在變項的效果量，此種模式辨識的原則稱為量尺依賴原則。潛在變項中，一定會有一個路徑參數被指定為 1，它就是這個潛在變項的單

位，主要的原因是潛在變項是由許多觀察變項而來，因此這些潛在變項的量尺單位並不會完全一致，所以潛在變項需要指定一個單位，而這個來自觀察變項的單位通常會指定最具有代表的觀察變項或者是第一個觀察變項。干擾變項（disturbance）在路徑模式中只有一個潛在變項，干擾變項通常經由辨識單元負荷量（unit loading identification, ULI）來量尺化，所以干擾變項路徑係數被固定為 1。

2. 參數估計的自由度必須大於或等於 0

結構方程模式的參數估計中，需要有許多觀察變項被釋放來估計，因此，參數估計的自由度必須要大於或等於 0，而此一原則也被稱為 t 規則。其中自由度（degree of freedom, df）的計算是觀察變項的數目以及估計參數數目的差。假如 $df \geq 0$ 稱為模式可供辨識〔$df = 0$ 為模式恰好辨識（just identified），$df > 0$ 稱為過度辨識（over identified）〕，表示模式可被估計，參數估計有解。假如 $df < 0$ 稱為模式無法辨識（under identified model），代表模式沒有參數空間可被估計，亦即在結構方程模式中並無法被估計。模式列述中的遞迴路徑模式其 $df > 0$，所以模式一定可以辨識。

二、CFA 可供辨識的必要條件

結構方程模式的參數估計中，模式雖然符合必要的條件，但並不保證 CFA 的模式一定可以被辨識，其中 CFA 模式可以被辨識的必要條件如下所示。

1. 假如一個標準化的 CFA 模式只有一個因素，那至少要有三個以上的預測變項，如此這個模式才可被辨識，此稱為三個指標原則（3-indicator rule）。

2. 假如一個標準化的 CFA 模式有二個以上的因素，則每個潛在變項（因素）至少要二個預測變項，如此模式才可被辨識，此稱為二個指標原則（2-indicator rule）。

3. 假如 CFA 模式有交叉負荷（crossing loadings）的情況或存在相關誤差（correlated errors）時，此時並不適合進行 CFA。

三、量尺依賴原則

量尺依賴原則（scale-dependency rule）即是量尺中所有的潛在變項必須指定至少一個固定的量尺單位，亦即將某個觀察變項的因素負荷量或變異指定為 1，或是一個固定的值，量尺依賴原則是一個必須存在的原則。假如一個潛在變項造成觀察變項產生變異，可能是下列二種情形。

1. 潛在變項產生大量的變異並且具有大的因素負荷量。
2. 潛在變項產生很大的誤差變異，並且有小的因素負荷量。

四、t 規則

結構方程模式的辨識原則中，t 規則所代表的是所要估計的參數數目（t）必須要小於或等於共變數矩陣的獨立空間，並且 t 規則在模式辨識中是一個必須要符合的規則，其方程式主要列述如下。

$$t \leq \frac{q(q+1)}{2}$$

上式中，q 代表觀察變項的數目，而 t 則是所要估計的參數數目，若是所要估計的參數數目大於最大的解題空間，則會造成方程式無解的情形發生，此時的模式就會變成無法進行參數估計。

五、三個指標原則

結構方程模式辨識原則中的三個指標原則（3-indicator rule）是假若模式中只有一個潛在變項時，模式要能被辨識需要至少有三個以上的觀察變

項，而這個辨識原則主要意涵如下。

1. 一個潛在變項至少有三個或較多的預測效標（指標、變項）。
2. Θ（theta）矩陣必須要對稱（對角矩陣），其實這所代表的意義是模式中存在二個或更多的潛在變項，模式要能被辨識除了具有一個潛在變項的原則之外，尚需要具有一個或僅有一個非 0 的項目在 Λ（lambda）的所有列之中，其原理從 Λ 矩陣所代表的意義即可了解。

結構方程模式的模式辨識原則中，三個指標的辨識原則是一個充分性的辨識原則。

六、二個指標原則

二個指標原則（2-indicator rule）只適用於二個或多個潛在變項的模式，亦即若模式只有一個潛在變項時，這個規則是不適用的，因為當模式只有一個潛在變項，及只有二個觀察變項，此時是違反 t 規則的，亦即此時模式無法辨識。其中二個指標原則亦是一個充分的原則，一個模式要達到可被辨識至少需要符合下列的原則。

1. 所有的潛在變項至少需要二個觀察變項。
2. 至少有一個或僅有一個非 0 的項目在 Λ 的所有列中。
3. Θ（theta）是對角矩陣的型式。
4. ϕ（phi）矩陣中，至少有一個非 0 在非對角的項目在所有列中。

七、具有因果關係以及潛在變項結構方程模式的辨識

辨識具有因果關係以及潛在變項結構方程模式時，需要符合下列原則的模式才是可供辨識的，亦即模式才會有解。包括三個步驟：(1)檢查結構方程模式中的完整模式是否符合 t 規則；(2)檢查測量模型是否符合 t 規則；(3)檢查結構模型是否符合 t 規則。以下將詳細說明這三個步驟。

1. 符合 *t* 規則

上述辨識原則四即為 *t* 規則，固定參數不用計算在 *t* 中，若是有二個或更多參數的估計限制相同時，只能計算為一個，*t* 規則中的 *q* 所代表的是觀察變項的數目，*t* 規則在模式辨識中是一個必要的規則。

2. 檢查測量模型是否可供辨識

在測量模型中確定模式是否可以辨識有下列事項需要加以注意：(1)檢查是否符合二個指標原則時，潛在變項的相關可以運用單箭頭以及雙箭頭來驗證；(2)在潛在自變項的量尺依賴原則中是將潛在變項的負荷量固定，沒有變異情形。

3. 檢查結構模型是否可供辨識

首先在前一個步驟（檢查測量模型是否可供辨識）中，所有的潛在變項必須是可供辨識。針對檢查結構模型是否可供辨識的目的下，研究者可以在處理潛在變項時，利用原始觀察變項在路徑分析是否可供辨識的原則，來加以驗證結構模型是否可供辨識。

八、虛無 β 規則

結構方程模式中的基本結構方程式，其中的 β（beta）是一個 r × r 的矩陣，並且代表的是潛在依變項影響到其他潛在依變項的因果矩陣，亦即下列的方程式中所表示的關係。

$$\eta = B\eta + \Gamma\xi + \zeta$$

由上述的方程式中，可以發現當 β（beta）是一個空矩陣時，亦即代表 β 矩陣中的對角線元素都是 0，而這代表什麼？而假如 β 非對角矩陣中的元素也是 0，代表的是什麼涵義呢？這些都與虛無 β 規則有著密切的關係。

1. 這個辨識原則是充分但非必要的。

2. 假如只有一個潛在依變項時，此時的模式就類似於多元迴歸，因此模式可被辨識。

3. 假如有二個或者更多個潛在依變項（endogenous）時，此時針對每一個潛在依變項都可被視為分離的多元迴歸（虛無 β 表示它們之間並沒有箭頭指向它們）。

4. 多個潛在依變項與干擾變項之間是有相關的（看似無關的迴歸），並且在虛無 β 規則下仍然是可被辨識的。

九、遞迴規則

遞迴規則（recursive rule）在每一個相對應的參數矩陣值中包括二個部分，說明如下。

1. 第一部分：β 矩陣是一個下三角矩陣，其餘地方為 0（亦即上三角以及對角元素皆為 0）。

(1) 當有三個潛在依變項時的 β 矩陣可以表示如下。

$$B = \begin{bmatrix} 0 & 0 & 0 \\ B_{21} & 0 & 0 \\ B_{31} & B_{32} & 0 \end{bmatrix}$$

(2) 為何遞迴模式中 0 在對角線上以及上三角中有其一致性？

2. 第二部分：Ψ（psi）矩陣是一個對角矩陣（diagonal matrix），亦即除了對角線之外的所有元素均為 0 的矩陣。

(1) Ψ 矩陣是一個針對潛在依變項殘差的變異數／共變數（variance/covariance）矩陣。此時針對這樣的規定所代表的意義是什麼？

(2) 遞迴原則是一個充分但非必要的原則。

幾乎所有的模式辨識都必須考慮，虛無 β 規則和遞迴規則，而且這二個規則是易於應用在結構方程模式中進行辨識的。

1.8

參數估計的方法

　　SEM的估計策略使用迭代的程序去估計模式的參數，而估計參數的方法中以MLE（maximum likelihood estimates）是最常被使用的方法，其中的適配函數如方程式 1-19 所示。

$$F_{ML} = \log|\hat{\Sigma}| + tr\,(S\hat{\Sigma}^{-1}) - \log|S| - (p+q) \tag{1-19}$$

　　上述方程式中的 p 是潛在自變項的數目，q 是潛在依變項的數目。當 S（觀察資料）與 $\hat{\Sigma}$ 是完全適配（相等）時，$F_{ML}=0$。因為 $S=\hat{\Sigma}$，則 $S\,\hat{\Sigma}^{-1}=I$，$tr\,(I)=p+q$，故 $F_{ML}=0$。

　　MLE在許多SEM的參數估計軟體（例如Mplus、SAS Proc calis、EQS）中都是內定的估計參數的方法，它的基本假設是所有的測量變項（自變項與依變項）都必須要符合多元常態的假設，如圖 1-15 即是多元常態的假設示意圖。

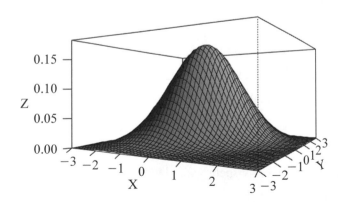

圖 1-15：多元常態的假設示意圖

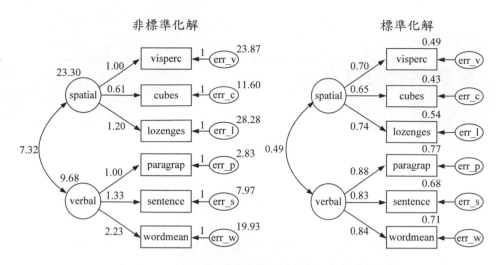

圖 1-16：AMOS 例題驗證性因素分析所得模式圖

　　以下將以一個實例詳細說明結構方程模式參數估計的過程及結果。而參數估計的統計原理已於 1.4 節中說明了，而結構方程模式的參數估計即依 1.4 節之統計原則加以估計，並且運用 R、SPSS、AMOS、Mplus 來輔助驗證說明。

　　圖 1-16 是 AMOS 軟體例題之模式圖，屬於驗證性因素分析，只有測量模型沒有結構模型。該模式有六個觀察變項，前三個屬於「空間因素」（spatial），後三個屬於「語文因素」（verbal）。圖 1-16 左半部是「非標準化解」，「spatial」及「verbal」的變異數分別為 23.30 及 9.68，二者之共變數為 7.32，由「spatial」預測「visperc」（視知覺）之「迴歸係數」或「徑路係數」被設定為「1」，表示潛在變項「spatial」的測量單位與「visperc」相同。所有潛在變項都沒有真正的測量單位，因此都需指定以哪個觀察變項為參照變項。「visperc」的預測誤差變異數（err_v）是 23.87，因此，「visperc」的變異數為：

$s^2_{\text{visperc}} = 1^2 (23.30) + 1^2 (23.87) = 47.17$

同樣地，「cubes」的變異數為：

$s^2_{\text{cubes}} = (0.61)^2 (23.30) + 1^2 (11.60) = 20.27$

至於共變數的部分則為：

$C_{\text{visperc} \times \text{cubes}} = 1.00 \times 0.61 \times 23.30 = 14.21$

$C_{\text{visperc} \times \text{lozenges}} = 1.00 \times 1.20 \times 23.30 = 27.96$

$C_{\text{cubes} \times \text{lozenges}} = 0.61 \times 1.20 \times 23.30 = 17.06$

其餘依此類推。

$$\begin{matrix} V_{\text{visperc}} \\ V_{\text{cubes}} \\ V_{\text{lozenges}} \\ V_{\text{paragrap}} \\ V_{\text{sentence}} \\ V_{\text{wordmean}} \end{matrix} \begin{bmatrix} 47.17 \\ 14.21 & 20.27 \\ 27.96 & 17.06 & 61.72 \\ 7.32 & 4.46 & 8.76 & 12.52 \\ 9.76 & 5.95 & 11.69 & 12.92 & 25.20 \\ 16.34 & 9.97 & 19.58 & 21.63 & 28.85 & 68.25 \end{bmatrix}$$

　　圖 1-16 的右半部是標準化解，「spatial」及「verbal」的相關係數是 0.49（$r_{xy} = \dfrac{C_{xy}}{S_x S_y} = \dfrac{7.32}{\sqrt{23.30} \times \sqrt{9.68}} = 0.49$），由「spatial」預測「visperc」之「標準化迴歸係數」、「標準化徑路係數」或「因素負荷量」是 0.70。由二個潛在因素預測「visperc」的 R^2 是 0.49，相當於一般因素分析的「共同性」（communality）。由於該模式只有「spatial」會影響「visperc」，因此，R^2 等於該「因素負荷量」之平方，即 $R^2 = (0.70)^2 = 0.49$。

　　驗證性因素分析的觀察變項只有 x 部分，沒有 y。就理論模式之共變數矩陣而言，只有 Σ_x（因為只有 x 變項），沒有 Σ_y、Σ_{yx} 及 Σ_{xy}，因此依據理論模式產生之共變數矩陣如下所示。

$$\Sigma = \Lambda_x \Phi \Lambda'_x + \Theta_\delta$$

$$= \begin{bmatrix} 1.00 & 0 \\ 0.61 & 0 \\ 1.20 & 0 \\ 0 & 1.00 \\ 0 & 1.33 \\ 0 & 2.23 \end{bmatrix} \begin{bmatrix} 23.30 & 7.32 \\ 7.32 & 9.68 \end{bmatrix} \begin{bmatrix} 1.00 & 0.61 & 1.20 & 0 & 0 & 0 \\ 0 & 0 & 0 & 1.00 & 1.33 & 2.23 \end{bmatrix}$$

$$+ \begin{bmatrix} 23.87 & 0 & 0 & 0 & 0 & 0 \\ 0 & 11.60 & 0 & 0 & 0 & 0 \\ 0 & 0 & 28.28 & 0 & 0 & 0 \\ 0 & 0 & 0 & 2.83 & 0 & 0 \\ 0 & 0 & 0 & 0 & 7.97 & 0 \\ 0 & 0 & 0 & 0 & 0 & 19.93 \end{bmatrix}$$

$$= \begin{bmatrix} 47.18 & 14.21 & 27.92 & 7.32 & 9.76 & 16.34 \\ 14.21 & 20.27 & 17.03 & 4.46 & 5.95 & 9.97 \\ 27.92 & 17.03 & 61.72 & 8.76 & 11.69 & 19.58 \\ 7.32 & 4.46 & 8.76 & 12.52 & 12.92 & 21.63 \\ 9.76 & 5.95 & 11.69 & 12.92 & 25.20 & 28.86 \\ 16.34 & 9.97 & 19.58 & 21.63 & 28.86 & 19.93 \end{bmatrix}$$

同樣地，理論模式的「相關矩陣」（即 Σ 之標準化解）可計算如下。

Σ（標準化解）

$$= \begin{bmatrix} 0.70 & 0 \\ 0.65 & 0 \\ 0.74 & 0 \\ 0 & 0.88 \\ 0 & 0.83 \\ 0 & 0.84 \end{bmatrix} \begin{bmatrix} 1.00 & 0.49 \\ 0.49 & 1.00 \end{bmatrix} \begin{bmatrix} 0.70 & 0.65 & 0.74 & 0 & 0 & 0 \\ 0 & 0 & 0 & 0.88 & 0.83 & 0.84 \end{bmatrix}$$

$$+\begin{bmatrix} 0.51 & 0 & 0 & 0 & 0 & 0 \\ 0 & 0.57 & 0 & 0 & 0 & 0 \\ 0 & 0 & 0.46 & 0 & 0 & 0 \\ 0 & 0 & 0 & 0.23 & 0 & 0 \\ 0 & 0 & 0 & 0 & 0.32 & 0 \\ 0 & 0 & 0 & 0 & 0 & 0.29 \end{bmatrix}$$

$$=\begin{bmatrix} 1.00 & 0.46 & 0.52 & 0.30 & 0.28 & 0.28 \\ 0.46 & 1.00 & 0.48 & 0.28 & 0.26 & 0.26 \\ 0.52 & 0.48 & 1.00 & 0.32 & 0.30 & 0.30 \\ 0.30 & 0.28 & 0.32 & 1.00 & 0.72 & 0.73 \\ 0.28 & 0.26 & 0.30 & 0.73 & 1.00 & 0.68 \\ 0.28 & 0.26 & 0.30 & 0.73 & 0.68 & 1.00 \end{bmatrix}$$

以下將運用程式來計算理論模式的變異數共變數矩陣,非標準化解的方程式為 $\Sigma = \Lambda_x \Phi \Lambda'_x + \Theta_\delta$,其中相關矩陣 Λ_x、Φ、Θ_δ 等內容列述如下。

$$\Lambda_x = \begin{bmatrix} 1.000 & 0 \\ 0.610 & 0 \\ 1.198 & 0 \\ 0 & 1.000 \\ 0 & 1.334 \\ 0 & 2.234 \end{bmatrix}$$

$$\Phi = \begin{bmatrix} 23.302 & 7.315 \\ 7.315 & 9.682 \end{bmatrix}$$

$$\Theta_\delta = \begin{bmatrix} 23.87 & 0 & 0 & 0 & 0 & 0 \\ 0 & 11.60 & 0 & 0 & 0 & 0 \\ 0 & 0 & 28.28 & 0 & 0 & 0 \\ 0 & 0 & 0 & 2.83 & 0 & 0 \\ 0 & 0 & 0 & 0 & 7.97 & 0 \\ 0 & 0 & 0 & 0 & 0 & 19.93 \end{bmatrix}$$

下列的程式是運用 R 軟體來進行計算，而所計算的是理論模式下非標準化解的共變數矩陣（方程式 1-15），亦即利用因素的負荷量矩陣（Λ_x）、因素間的共變數矩陣（Φ）以及觀察變項的殘差矩陣（Θ_δ）來計算共變數矩陣。

```
#輸入因素負荷量矩陣（lambda）
lambda=matrix(c(1.000,0.000,0.610,0.000,1.198,0.000,0.000,1.000,0.000,
1.334,0.000,2.234),ncol=2,byrow=T)
#輸入因素共變數矩陣（phi）
phi=matrix(c(23.302,7.315,7.315,9.682),ncol=2,byrow=T)
#輸入觀察變項殘差矩陣（theta）
theta=matrix(c(
23.873,0,0,0,0,0,
0,11.602,0,0,0,0,
0,0,28.275,0,0,0,
0,0,0,2.834,0,0,
0,0,0,0,7.967,0,
0,0,0,0,0,19.925),ncol=6,byrow=T)
sigma=lambda%*%phi%*%t(lambda)+theta
```

以下為利用上述方程式，所計算出理論方程式的非標準化解的共變數矩陣輸出結果，結果與第 36 頁利用方程式手算計算出的值相同。

	[,1]	[,2]	[,3]	[,4]	[,5]	[,6]
[1,]	47.17500	14.214220	27.91580	7.31500	9.758210	16.341710
[2,]	14.21422	20.272674	17.02864	4.46215	5.952508	9.968443
[3,]	27.91580	17.028636	61.71812	8.76337	11.690336	19.577369
[4,]	7.31500	4.462150	8.76337	12.51600	12.915788	21.629588
[5,]	9.75821	5.952508	11.69034	12.91579	25.196661	28.853870
[6,]	16.34171	9.968443	19.57737	21.62959	28.853870	68.245500

以下將計算理論模式的標準化解的相關係數矩陣程式及結果，其方程式為 $\Sigma = \Lambda_x \Phi \Lambda'_x + \Theta_\delta$，至於相關矩陣 Λ_x、Φ、Θ_δ 等內容列述如下。

$$\Lambda_x = \begin{bmatrix} 0.703 & 0 \\ 0.654 & 0 \\ 0.736 & 0 \\ 0 & 0.880 \\ 0 & 0.827 \\ 0 & 0.827 \end{bmatrix}$$

$$\Phi = \begin{bmatrix} 1.000 & 0.487 \\ 0.487 & 1.000 \end{bmatrix}$$

$$\Theta_\delta = \begin{bmatrix} 0.51 & 0 & 0 & 0 & 0 & 0 \\ 0 & 0.57 & 0 & 0 & 0 & 0 \\ 0 & 0 & 0.46 & 0 & 0 & 0 \\ 0 & 0 & 0 & 0.23 & 0 & 0 \\ 0 & 0 & 0 & 0 & 0.32 & 0 \\ 0 & 0 & 0 & 0 & 0 & 0.29 \end{bmatrix}$$

下列的程式即是運用 R 軟體來計算，而所計算的是理論模式下標準化解的相關係數矩陣（方程式 1-15），亦即利用因素的負荷量矩陣（Λ_x）、因素間的共變數矩陣（Φ）以及觀察變項的殘差矩陣（Θ_δ）來計算出標準化解的相關係數矩陣。

```
#輸入因素負荷量矩陣（lambda）
lambda2=matrix(c(0.703,0,0.654,0,0.736,0,0,0.880,0,0.827,0,0.827),ncol=2,
byrow=T)
#輸入因素共變數矩陣（phi）
phi2=matrix(c(1,0.487,0.487,1),ncol=2,byrow=T)
#輸入觀察變項殘差矩陣（theta）
theta2=matrix(c(
```

```
0.506,0,0,0,0,0,
0,0.506,0,0,0,0,
0,0,0.458,0,0,0,
0,0,0,0.226,0,0,
0,0,0,0,0.316,0,
0,0,0,0,0,0.292),ncol=6,byrow=T)
sigma2=lambda2%*%phi2%*%t(lambda2)+theta2
```

以下為利用 R 軟體的程式，所計算出理論模式的標準化解，其相關係數矩陣輸出結果如下所示，結果與第 37 頁利用方程式手算計算出的值大同小異。

	[,1]	[,2]	[,3]	[,4]	[,5]	[,6]
[1,]	1.0002090	0.4597620	0.5174080	0.3012777	0.2831325	0.2831325
[2,]	0.4597620	0.9337160	0.4813440	0.2802782	0.2633978	0.2633978
[3,]	0.5174080	0.4813440	0.9996960	0.3154202	0.2964233	0.2964233
[4,]	0.3012777	0.2802782	0.3154202	1.0004000	0.7277600	0.7277600
[5,]	0.2831325	0.2633978	0.2964233	0.7277600	0.9999290	0.6839290
[6,]	0.2831325	0.2633978	0.2964233	0.7277600	0.6839290	0.9759290

下述資料為利用 SPSS 軟體所計算出原始資料的變異數共變數矩陣（SSCP），與上述利用 R 軟體程式所計算出非標準化及標準化的共變數及變異數矩陣的值大同小異，有些誤差是來自於精準度的關係。

Correlations

		visperc	cubes	lozenges	paragraph	sentence	wordmean
visperc	Pearson Correlation	1	0.483**	0.492**	0.343**	0.367**	0.230
	Sig. (2-tailed)		0.000	0.000	0.003	0.001	0.051
	Sum of Squares and Cross-products	3443.753	1089.932	1936.781	608.452	923.068	951.685
	Covariance	47.830	15.138	26.900	8.451	12.820	13.218
	N	73	73	73	73	73	73
cubes	Pearson Correlation	0.483**	1	0.492**	0.211	0.179	0.184
	Sig. (2-tailed)	0.000		0.000	0.074	0.131	0.119
	Sum of Squares and Cross-products	1089.932	1479.370	1271.384	244.959	294.630	499.301
	Covariance	15.138	20.547	17.658	3.402	4.092	6.935
	N	73	73	73	73	73	73
lozenges	Pearson Correlation	0.492**	0.492**	1	0.326**	0.335**	0.369**
	Sig. (2-tailed)	0.000	0.000		0.005	0.004	0.001
	Sum of Squares and Cross-products	1936.781	1271.384	4506.027	661.068	965.616	1748.164
	Covariance	26.900	17.658	62.584	9.182	13.411	24.280
	N	73	73	73	73	73	73
paragraph	Pearson Correlation	0.343**	0.211	0.326**	1	0.724**	.743**
	Sig. (2-tailed)	0.003	0.074	0.005		0.000	.000
	Sum of Squares and Cross-products	608.452	244.959	661.068	913.671	939.041	1585.411
	Covariance	8.451	3.402	9.182	12.690	13.042	22.020
	N	73	73	73	73	73	73
sentence	Pearson Correlation	0.367**	0.179	0.335**	0.724**	1	0.696**
	Sig. (2-tailed)	0.001	0.131	0.004	0.000		0.000
	Sum of Squares and Cross-products	923.068	294.630	965.616	939.041	1839.370	2105.699
	Covariance	12.820	4.092	13.411	13.042	25.547	29.246
	N	73	73	73	73	73	73
wordmean	Pearson Correlation	0.230	0.184	0.369**	0.743**	0.696**	1
	Sig. (2-tailed)	0.051	0.119	0.001	0.000	0.000	
	Sum of Squares and Cross-products	951.685	499.301	1748.164	1585.411	2105.699	4982.986
	Covariance	13.218	6.935	24.280	22.020	29.246	69.208
	N	73	73	73	73	73	73

** Correlation is significant at the 0.01 level (2-tailed).

接下來將利用 R 軟體來加以計算適配函數（F）及 χ^2 值程式及輸出結果，相關方程式以及計算適配函數的程式如下所示。

$$F = \log|\Sigma| + tr\,(S\Sigma^{-1}) - \log|S| - (p+q)$$

$$\chi^2 = (N-1) \times F$$

$$df = \frac{1}{2}(p+q)(p+q+1) - t$$

```
#輸入原始觀察資料的 SSCP
s=matrix(c(
47.830,15.138,26.900,8.451,12.820,13.218,
15.138,20.547,17.658,3.402,4.092,6.935,
26.900,17.658,62.584,9.182,13.411,24.280,
8.451,3.402,9.182,12.690,13.042,22.020,
12.820,4.092,13.411,13.042,25.547,29.246,
13.218,6.935,24.280,22.020,29.246,69.208
),ncol=6,byrow=T)
#輸入理論模式計算的 SSCP
sigma=matrix(c(
47.175,14.214,27.916,7.315,9.758,16.342,
14.214,20.273,17.029,4.462,5.953,9.968,
27.916,17.029,61.718,8.763,11.690,19.577,
7.315, 4.462,8.763,12.516,12.916,21.630,
9.758,5.953,11.690,12.916,25.197,28.854,
16.342,9.968,19.577,21.630,28.854,68.245
),ncol=6,byrow=T)
#因為只有測量模型，所以 p=0，q=6
p=0
q=6
#估計參數 13
param=13
n=73
df=(p+q)*(p+q+1)/2-param
```

f=log(det(sigma))+sum(diag(s%*%solve(sigma)))-log(det(s))-(p+q)
chi=(n-1)*f

其適配函數（F_{ML}）、自由度以及卡方值的計算結果如下所示。

```
> f
[1] 0.1096482
> df
[1] 8
> chi
[1] 7.894673
```

以下程式為 Mplus 程式，主要的目的是利用 AMOS 的例題所提供的資料來估計參數以及模式的適配程式，程式名稱為 mplus_11.inp，.inp 是 Mplus 分析程式的副檔名，程式內容如下所示。

```
TITLE：利用 Mplus 來估計 AMOS 範例資料檔的分析程式
DATA:
  FILE IS "mplus_11.dat";
  FORMAT IS 6F8.2;
VARIABLE:
  NAMES ARE VISPERC CUBES LOZENGES PARAGRAP SENTENCE
  WORDMEAN;
  USEVARIABLES ARE VISPERC CUBES LOZENGES PARAGRAP
  SENTENCE WORDMEAN;
  MISSING IS BLANK;
MODEL:
   SPATIAL BY VISPERC CUBES LOZENGES;
   VERBAL BY PARAGRAP SENTENCE WORDMEAN;
ANALYSIS:
  ESTIMATOR IS ML;
```

```
ITERATIONS = 1000;
CONVERGENCE = 0.00005;
COVERAGE = 0.10;
OUTPUT: SAMPSTAT STANDARDIZED TECH1;
```

　　上述程式中，TITLE 是說明程式的註解，而 DATA 是指分析資料的來源，VARIABLE 部分則是分析變項的名稱，總共有六個變項，MODEL 則是代表模式的列述，至於 ANALYSIS 則是分析的方法，OUTPUT 是輸出的內容，至於詳細的操作內容將於第 2 章予以說明，下述則為 Mplus 的輸出結果。

MODEL FIT INFORMATION

Number of Free Parameters	19
Loglikelihood	
H0 Value	-1295.446
H1 Value	-1291.465
Information Criteria	
Akaike (AIC)	2628.892
Bayesian (BIC)	2672.411
Sample-Size Adjusted BIC	2612.542
($n^* = (n + 2) / 24$)	
Chi-Square Test of Model Fit	
Value	7.962
Degrees of Freedom	8
P-Value	0.4372

　　上述部分是為卡方值 7.962、自由度 8 以及顯著性結果 $p = 0.4372$，由上述結果可以得知，資料適配模式的情形相當良好，因為卡方的分析結果並未達顯著，因此，需接受虛無假設，亦即資料與模式的適配情形良好。

RMSEA (Root Mean Square Error of Approximation)

Estimate	0.000	
90 Percent C.I.	0.000	0.137
Probability RMSEA <= 0.05	0.569	

CFI/TLI

CFI	1.000
TLI	1.000

Chi-Square Test of Model Fit for the Baseline Model

Value	190.325
Degrees of Freedom	15
P-Value	0.0000

SRMR (Standardized Root Mean Square Residual)

Value	0.038

　　上述部分則為模式的適配度情形，由上述結果可以得知RMSEA＜0.001、CFI＝1.000、TLI＝1.000、SRMR＝0.038，以上的適配性指標顯示模式與資料是適配的。

MODEL RESULTS

	Estimate	S.E.	Est./S.E.	Two-Tailed P-Value
SPATIAL　BY				
VISPERC	1.000	0.000	999.000	999.000
CUBES	0.610	0.141	4.331	0.000
LOZENGES	1.198	0.288	4.158	0.000
VERBAL　BY				
PARAGRAP	1.000	0.000	999.000	999.000
SENTENCE	1.334	0.160	8.338	0.000
WORDMEAN	2.234	0.260	8.583	0.000
VERBAL　WITH				
SPATIAL	7.315	2.589	2.825	0.005

Intercepts

VISPERC	29.315	0.804	36.467	0.000
CUBES	24.699	0.527	46.877	0.000
LOZENGES	14.836	0.920	16.134	0.000
PARAGRAP	10.589	0.414	25.573	0.000
SENTENCE	19.301	0.588	32.853	0.000
WORDMEAN	18.014	0.967	18.629	0.000

Variances

SPATIAL	23.302	8.238	2.829	0.005
VERBAL	9.682	2.144	4.517	0.000

Residual Variances

VISPERC	23.872	6.174	3.867	0.000
CUBES	11.602	2.563	4.527	0.000
LOZENGES	28.275	8.155	3.467	0.001
PARAGRAP	2.834	0.862	3.287	0.001
SENTENCE	7.967	1.867	4.266	0.000
WORDMEAN	19.925	4.895	4.070	0.000

　　上述的分析結果為非標準化解的參數估計結果，與圖 1-16 所示的結果相同。

STANDARDIZED MODEL RESULTS
STDYX Standardization

	Estimate	S.E.	Est./S.E.	Two-Tailed P-Value
SPATIAL BY				
VISPERC	0.703	0.093	7.567	0.000
CUBES	0.654	0.093	7.054	0.000
LOZENGES	0.736	0.091	8.093	0.000
VERBAL BY				
PARAGRAP	0.880	0.042	20.836	0.000

SENTENCE	0.827	0.049	16.964	0.000
WORDMEAN	0.841	0.046	18.111	0.000
VERBAL WITH				
SPATIAL	0.487	0.118	4.112	0.000
Intercepts				
VISPERC	4.268	0.372	11.470	0.000
CUBES	5.487	0.469	11.701	0.000
LOZENGES	1.888	0.195	9.671	0.000
PARAGRAP	2.993	0.274	10.925	0.000
SENTENCE	3.845	0.339	11.340	0.000
WORDMEAN	2.180	0.215	10.137	0.000
Variances				
SPATIAL	1.000	0.000	999.000	999.000
VERBAL	1.000	0.000	999.000	999.000
Residual Variances				
VISPERC	0.506	0.131	3.876	0.000
CUBES	0.573	0.121	4.723	0.000
LOZENGES	0.458	0.134	3.420	0.001
PARAGRAP	0.226	0.074	3.049	0.002
SENTENCE	0.316	0.081	3.922	0.000
WORDMEAN	0.292	0.078	3.733	0.000

R-SQUARE

Observed Variable	Estimate	S.E.	Est./S.E.	Two-Tailed P-Value
VISPERC	0.494	0.131	3.784	0.000
CUBES	0.427	0.121	3.527	0.000
LOZENGES	0.542	0.134	4.046	0.000
PARAGRAP	0.774	0.074	10.418	0.000
SENTENCE	0.684	0.081	8.482	0.000
WORDMEAN	0.708	0.078	9.055	0.000

　　上述的分析結果則為此一範例的標準化參數估計結果，與圖 1-16 的估計結果相同。以下將陸續介紹在結構方程模式估計中，判斷資料是否適配模式的指標類型以及相關內容。

1.9
結構方程模式適配度指標

　　下述所討論的是結構方程模式中的適配度指標，而此適配度指標即為表示資料與模式之間的適配情形，亦即判斷資料是否適配模式的重要證據，將依序分別說明如下。

一、整體的適配指標

　　結構方程模式是否適配的虛無假設是 $H_0:\Sigma=\hat{\Sigma}$，此時模式的卡方值為 $T=(N-1)\times F$，其中的 N 是樣本的大小，當 N 相當大時，統計上的 T 是近似於帶有自由度的卡方分配。在結構方程模式中主要是考驗理論模式與實際資料獲得模式是否適配，因此不想要拒絕虛無假設，而 T 受 N 的影響是相當大的。

二、卡方考驗在比較二個巢狀模式時

　　二個巢狀（階層）模式（nested models）在卡方值差的部分一定是遵循卡方分配帶有自由度（自由度是這二個模式的差），亦即若模式的修正需要釋放參數時，若要比較這二個模式是否有所差異，可以比較二個模式的卡方值的差是否顯著（此時的自由度為二個模式的差）。

$$\chi^2_{dif} = \chi^2_{simple} - \chi^2_{complex}$$

$$df_{dif} = df_{simple} - df_{complex}$$

此時若自由度沒有顯著的話，代表這比較簡單的模式比複雜的模式並沒有不符合統計上的差。因此，這個比較簡單的模式應被接受，而不是複雜的模式，因為這簡單的模式比較精簡（parsimonious）。反之，若顯著的話，則保留較複雜的模式。

三、其他的模式適配度

還有許多模式適配度的指標可以用來表示模式是否適配。

1. RMSEA

RMSEA（root mean square error of approximation）這個模式適配度指標與卡方值是類似的，方程式如下所示。

$$\text{RMSEA} = \sqrt{\frac{\hat{\delta}_M}{df_M(N-1)}} = \sqrt{\frac{\max[(\chi^2_M - df_M),0]}{df_M(N-1)}}$$

其中的 δ 是 max（卡方值$-df$,0），Browne 與 Cudeck（1993）建議使用 Steiger（1990）的 RMSEA 作為每個自由度差距量數。RMSEA 不大於 0.05 時是「適配度良好」（good fit）；0.05 至 0.08 屬於「適配度尚佳」（fair fit）；0.08 至 0.10 屬於「適配度普通」（mediocre fit）；如大於 0.10 則屬於「適配度不佳」，亦有學者主張 RMSEA 等於或小於 0.05 代表適配良好（good fit），而大於 0.06 小於 0.08 則是代表普通適配（moderate fit），若是大於 0.08 則表示模式的適配程度屬於不佳（poor fitting），此時 RMSEA 的計算方程式亦可如下列方程式所代表。

$$\text{RMSEA} = \sqrt{\frac{F_0}{df_m}}$$

2. SRMR

SRMR 將計算所有標準化殘差值的平方和，再除以殘差的個數之後，

開平方根，SRMR 的值愈小，表示模型適配程度愈好，SRMR 的值若小於 0.10 表示模式適配，若是小於 0.08 則表示模式適配程度可被接受。SRMR 也會受到樣本數的影響，樣本數愈大或估計的參數愈多，SRMR 的值會愈 小。

3. NFI

NFI（normed fit index）是由 Benter 與 Bonett（1980）所提出。其方程 式如下所示。

$$NFI = \frac{(\chi_b^2 - \chi_m^2)}{\chi_b^2}$$

上式中的 χ_b^2 是表示基準線模式的卡方值，其中的基準線模式是表示所 有的觀察變項之間是獨立無關的模式，χ_m^2 則是表示理論模式的卡方值。當 NFI 的值接近 1 時，表示理論模式對於基準線模式有很大的改進空間，若 是 NFI 的值接近 0 時，則是表示理論模式與基準線模式並沒有很大的差異。 NFI 的值若大於 0.9 以上，才表示模式適配情形良好。

4. IFI

IFI（incremental fit index）是由 Bollen（1988）所提出，主要是針對 Benter 與 Bonett（1980）提出之 NFI 指標的修正，目的在於減低 NFI 對於 樣本大小的依賴程度。其方程式如下所示。

$$IFI = \frac{(\chi_b^2 - \chi_m^2)}{(\chi_b^2 - df_m)}$$

χ_b^2、χ_m^2 與上述之 NFI 之說明相同，至於 df_m 則為理論模式時的自由度。 IFI 的值愈大表示模式適配情形愈好，IFI 的值介於 0 與 1 之間，若大於 0.9 以上，表示模式適配情形良好。

5. CFI

CFI（comparative fit index）是由 Bentler 所發表（Bentler, 1990）。CFI 與 RNI 以及 BNI 的關係相當密切，其中 RNI（relative noncentrality index）是由 McDonald 與 Marsh（1990）所提出，BNI（Bentler's noncentrality index）則是 Bentler（1989, 1990）提出，RNI 與 BNI 的指數相同，但是 RNI 或 BNI 有可能超出 0 至 1 之範圍，Bentler 建議將 BNI 稍作修正，使其範圍介於 0 至 1 之間，此種指數稱之為 CFI。當 BNI 介於 0 至 1 之間時，BNI＝CFI。其方程式如下所述。

$$CFI = 1 - \frac{\max[(\chi_m^2 - df_m), 0]}{\max[(\chi_m^2 - df_m), (\chi_b^2 - df_b), 0]}$$

CFI 的值域範圍是從 0 到 1 之間，值愈大表示模式適配情形愈好，若大於 0.9 以上，表示模式適配情形良好。

四、模式適合度的臨界值

模式適配程度的臨界值，一般建議的指標至少需包括以下的指標（Hu & Bentler, 1999; McDonald & Ho, 2002）。Chi-square：未達顯著，CFI：大於 0.90 或者 0.95，SRMR：小於 0.08 或者 0.10，RMSEA：小於 0.06 或者 0.08。Bagozzi 與 Yi（1988）將模式的適配性指標分為基本的適配指標、整體性指標以及內部結構的適配性指標，並且在基本的適配性指標中指出若資料適配模式，必須避免以下的情形：(1)出現負的誤差變異數；(2)誤差變異與 0 不同；(3)相關係數大於 1；(4)相關係數太接近 1；(5)因素負荷量太小（＜0.50）或者太大（＞0.95）；(6)非常大的標準化誤差。在整體性指標部分，則希望達到下述的目標，分別是：(1)卡方值未達顯著；(2)卡方考驗有適當的統計考驗力；(3)良好的增值適配度指標，例如 GFI 大於 0.90；(4)良好的統計適配性指標，例如 AGFI 大於 0.90；(5)從卡方差異的模式比較檢

定中，找尋最精簡的模型；(6)較小的 RMR；(7)Q-plot 中標準化殘差與斜率的比大於 1；(8)較高的 TCD（決定係數值）；(9)滿足 CN（critical N）的要求；(10)樣本大小與自由參數（df）的比值大於 5：1。在內部結構的適配程度部分，則希望達到下列要求：(1)個別信度大於 0.5，組合信度大於 0.6；(2)解釋的平均萃取值大於 0.5；(3)所有估計的參數皆達顯著水準；(4)標準化殘差小於 2；(5)修正指標（MI）小於 3.84；(6)因果路徑中有適切的考驗力。

有時模式適配程度指標的選擇取決於 SEM 的分析軟體，有些研究者也會列出 GFI（global fit indices）、TLI 等指標，並且在個別的參數中利用 t 考驗或者是 Wald 考驗中是否達到區域的適配（達顯著），常見的模式適配程度指標如表 1-1 所示。

結構方程模式在運用中特別需要再注意的是，變項之間的相關並不代表就具有因果的關係，而 SEM 許可讓研究者建立假設的模式來適配資料，假如模式提供很好的適配性，此時便可以提出資料是適配模式的。模式中的適配性只是代表目前的資料適配模型，但並不代表還可以提出另外一種假說，亦即此時的適配性只是代表目前的資料是適配此模式，但並不是僅有這一個適配的模型，事實上，也許會存在另外一個更好的模式適配情形（恆等和另類的模型）。另外，當模型並不適配資料時，SEM 也提供了未確認或者是虛偽模型的意義。

表 1-1：常用的整體模式適合度指標的數值範圍及理想的數值

指標	數值範圍	理想的數值
χ^2 值	0 以上	不顯著
GFI	0-1 之間	至少 0.9 以上
CFI	0-1 之間	至少 0.9 以上，0.95 以上代表好的適配程度
AGFI	0-1 之間，可能出現負值	至少 0.9 以上
PGFI	0-1 之間	大於 0.5
SRMR	0-1 之間	SRMR 必須低於 0.10，最好低於 0.08
TCD	0-1 之間	至少 0.9 以上
Q-Plot		標準化殘差分布之迴歸線與橫座標所形成之角度大於 45°（即斜率大於 1），且成直線
χ^2/df	0 以上	小於 3 或 2 或更小（Carmines & McIver, 1981），也有高至 5 者
NFI	0-1 之間	至少 0.9 以上
IFI	0 以上，但大多在 0-1 之間	至少 0.9 以上
TLI（NNFI）	0 以上，但大多在 0-1 之間	至少 0.9 以上，0.95 以上代表好的適配程度
RMSEA		0.05、0.06 或者是 0.08 以下

CHAPTER
2

Mplus 操作實例

　　本章主要是說明 Mplus 如何進行模型的參數估計，以下主要是以路徑分析（path analysis）為例來加以說明。分析時若利用共變數或相關係數矩陣來計算結構方程模式的參數，基本上是沒有缺失值的情形，所以利用共變數或相關係數矩陣的資料來當做資料分析軟體的分析資料檔時，即是假設完全沒有缺失的資料，若所蒐集的資料有缺失，就必須利用原始資料檔來進行資料的分析。

　　參數估計中若採用 ML 的方法，必須假設模式中的參數獨立（scale free, indepence），亦即參數具有不變性（invariance）。

　　假若資料是符合常態的假設，一個標準差佔 34.13% 的面積，而這也是常態分配（如圖 2-1 左）的特性，但若是偏態的情況下（如圖 2-1 右），則一個標準差所佔的面積就和常態有所不同，所以會有偏差，因此進行結構方程模式的分析前，要確定資料是否符合常態分配。

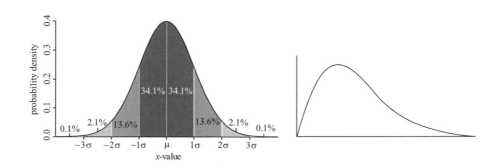

圖 2-1：常態與非常態分配圖形比較示意圖

2.1

利用 Mplus 進行模型的估計

　　以下的範例是利用 Mplus 來進行路徑分析以及驗證式因素分析模型的參數估計，在以下的實例中，以 Mplus 的語法來說明因素結構之間的關係，其中分析檔案的資料格式是相關係數與標準差，請注意在分析檔案中使用相關係數這種摘要性檔案時，要先放置標準差後再放置相關係數資料，而相關係數的擺放是以下三角的格式為主，如下所示。

36.8	67	62.48	66.50	38
1.00				
-0.13	1.00			
-0.29	0.34	1.00		
0.39	-0.05	-0.08	1.00	
0.07	-0.23	-0.16	-0.03	1.00

　　圖 2-2 是以相關係數以及標準差為分析檔案的分析程式的撰寫內容，而圖 2-3 則是與路徑分析互相對照的圖形。

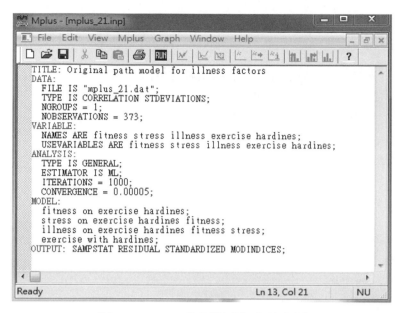

圖 2-2：Mplus 分析程式內容示意圖

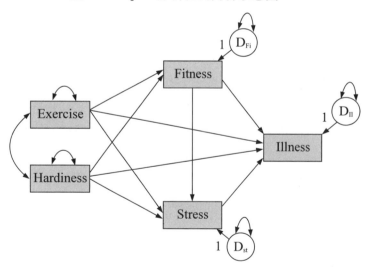

圖 2-3：Mplus 分析程式與路徑分析對照圖

　　以下的分析程式是與上述相同的分析內容，只是在於讀取分析檔案的方式上有所不同，圖 2-4 的程式是 Mplus 分析中以內定讀取原始資料為分析檔案的內容。

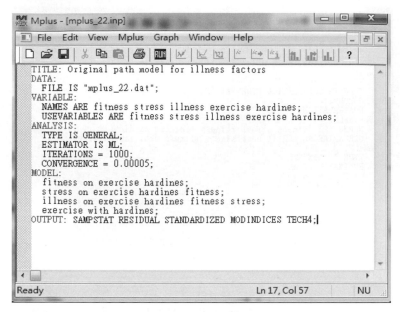

圖 2-4：Mplus 以讀取原始資料檔案格式分析內容示意圖

下述的程式是利用 Mplus 來進行路徑分析，在 MODEL 部分即是路徑分析中各變項之間的關係，因此，將程式中各變項的關係與圖 2-4 比較即可以知道如何利用 Mplus 的程式來表示各變項的關係，另外在 OUTPUT 部分是顯示分析的結果輸出項目，以本例中主要輸出部分為殘差項、標準化解以及修正指標，詳細說明將呈現於下一節。

TITLE: Original path model for illness factors
DATA:
  FILE IS "mplus_22.dat";
VARIABLE:
  NAMES ARE fitness stress illness exercise hardines;
  USEVARIABLES ARE fitness stress illness exercise hardines;
ANALYSIS:
  TYPE IS GENERAL;

```
            ESTIMATOR IS ML;
            ITERATIONS = 1000;
            CONVERGENCE = 0.00005;
        MODEL:
            fitness on exercise hardines;
            stress on exercise hardines fitness;
            illness on exercise hardines fitness stress;
            exercise with hardines;
        OUTPUT: SAMPSTAT RESIDUAL STANDARDIZED MODINDICES TECH4;
```

2.2
Mplus 的指令說明

以下所列之十個命令關鍵字是 Mplus 最常用的命令，其中每個命令關鍵字均包含許多選項，一般的分析只要運用內定的功能即可順利進行資料的分析。

命令關鍵字	功能
*TITLE	分析的標題，TITLE 並非是必要的指令
*DATA	分析資料檔的相關資訊、檔名、資料格式等
*VARIABLE	資料檔的變項名稱（變項名稱需八個字元以內）
DEFINE	利用資料檔的變項來計算或轉換變項或產生新的變項
*ANALYSIS	描述分析或估計方法
*MODEL	描述模型的關係
*OUTPUT	輸出內容
SAVEDATA	儲存分析的結果
PLOT	資料以及分析結果的圖形
MONTECARLO	Monte Carlo 模擬研究的說明選項

上述的命令關鍵字中具有*號者是在路徑分析中常用的六個指令。

一、Mplus 指令：DATA

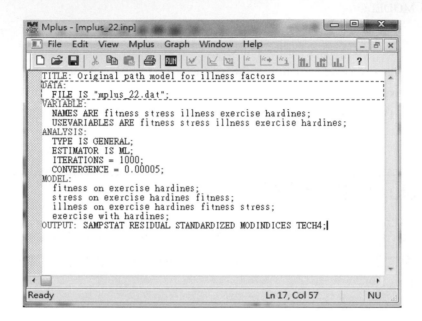

Mplus 資料分析中 DATA 是一個必要的指令，其中的檔案名稱是分析中所要分析的檔案，在上例中是以「mplus_22.dat」為分析的檔案資料，請務必注意，資料檔必須是本文格式（.txt 或 .dat）。本文格式在統計資料的分析中是最常見的格式，雖然許多的統計軟體都提供許多格式的轉換，但仍然是以本文格式為最通用的格式。以下的說明是利用 SPSS，將 SPSS 資料檔 .sav 轉換成 .dat 的格式程序步驟。

1. 開啟 SPSS 的資料檔。

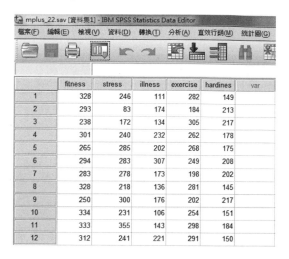

2. 另存新檔。

3. 選擇儲存類型〔固定 ASCII (*.dat)〕，並輸入存檔檔名後點選「儲存」即可存檔。

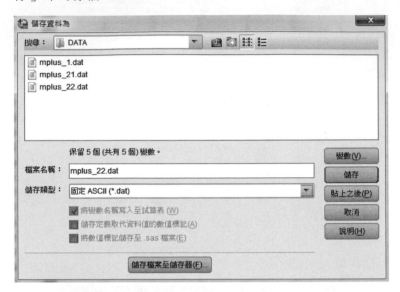

4. 上述步驟所建立檔案內容如下所示。

5. 若選擇儲存類型為 Tab 鍵分隔（*.dat），記得將內定的「將變數名稱寫入至試算表」這個選項取消後，點選儲存後即可存檔。

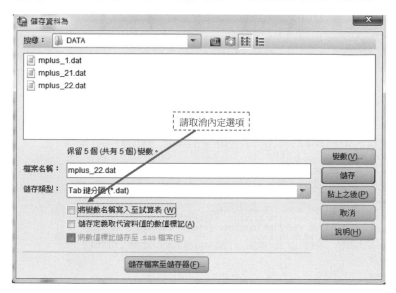

6. 檔案格式如下（mplus_22.dat），與 SPSS 原始檔案格式比較情形。

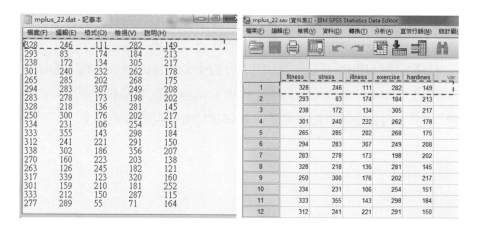

二、Mplus 指令：VARIABLE

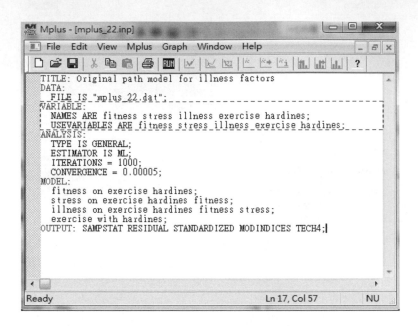

　　NAMES 這個命令是將資料檔中所有的變項加以列述，而且必須要依照變項出現的順序加以列述，並不能夠任意改變變項排序的順序。

　　USEVARIABLES是將在MODEL分析中所使用的變項名稱，亦即必須是出現在 NAMES 指令中所列述的變項，但並非在 NAMES 中所有的變項均要列出，而列述的原則主要是以 MODEL 所出現的變項為主。

三、Mplus 指令：ANALYSIS

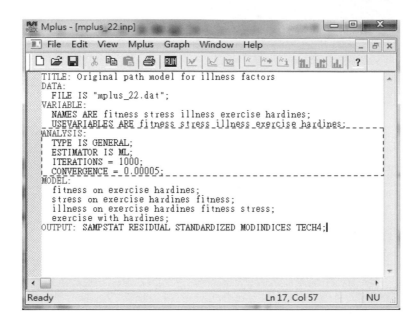

ANALYSIS 指令是 Mplus 中指定分析的方法以及相關的選項，其中
TYPE IS GENERAL 是 Mplus 分析中內定的類型。其他的類型例如 MIXTURE
和 TWOLEVEL 在本範例中並未使用。ESTIMATOR IS ML 代表在參數的估
計中是以最大概似估計法（maximum likelihood, ML）為主。

ITERATIONS 和 CONVERGENCE 是設定在 iterative 的估計過程中，程
序終止的決斷值。

四、Mplus 指令：MODEL

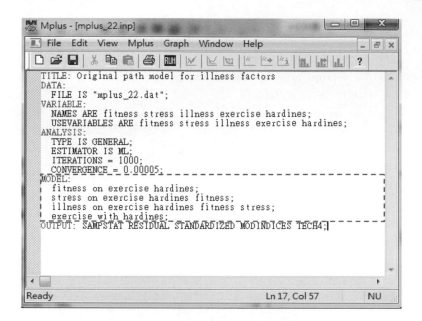

　　MODEL 指令段包括模式內容的列述。在路徑分析中，所有的潛在依變項（endogenous）是從一個或多個預測變項來加以預測，並且以ON指令後所列述的變項為預測變項，以上述為例即是 fitness ＝ a ＋ b1 × exercise ＋ b2 × hardines。所以 fitness on exercise hardiness 所代表的意義即是 fitness 為被預測變項，而 exercise 以及 hardiness 則是預測變項。

五、Mplus 指令：OUTPUT

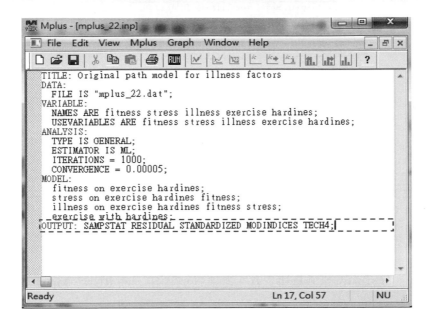

OUTPUT 在 Mplus 的命令中主要是提供內定輸出之外的報表，例如 SAMPSTAT 表示輸出樣本的相關統計資料（例如樣本的共變數矩陣）。請注意，在撰寫 Mplus 的分析程式中，Mplus 6.0 的資料分析檔案的每一行不能超過九十個字元，每一行的命令中是由分號（;）來加以區隔。若需要更詳細的操作資訊，可以由 http://www.statmodel.com/ugexcerpts.shtml 下載相關的說明檔案。

2.3
利用 Mplus 來估計模式參數

下圖所呈現的是此次分析的範例檔，以下將以路徑分析為例來進行模式的參數估計。

完成語法的撰寫及檢查之後，點選功能按鈕上的 RUN，Mplus 即會輸出分析的結果，如下所示。

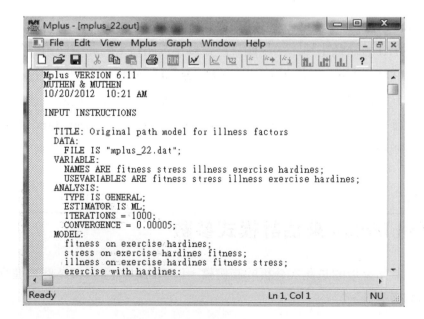

一、樣本共變數以及相關矩陣

以下為樣本的共變數以及相關係數矩陣資料。

SAMPLE STATISTICS
  SAMPLE STATISTICS
    Means

	FITNESS	STRESS	ILLNESS	EXERCISE	
HARDINES					
1	287.435	224.315	167.385	243.583	172.802

Covariances

	FITNESS	STRESS	ILLNESS	EXERCISE	
HARDINES					
FITNESS	1508.781				
STRESS	-626.495	4914.301			
ILLNESS	-766.862	1788.526	3800.642		
EXERCISE	1008.959	-394.803	-306.722	4883.673	
HARDINES	242.743	-833.343	-375.536	9.118	1496.498

Correlations

	FITNESS	STRESS	ILLNESS	EXERCISE	
HARDINES					
FITNESS	1.000				
STRESS	-0.230	1.000			
ILLNESS	-0.320	0.414	1.000		
EXERCISE	0.372	-0.081	-0.071	1.000	
HARDINES	0.162	-0.307	-0.157	0.003	1.000

在 Mplus 中，若分析的資料檔是個別的原始資料，內定的分析模式將包括平均數結構（mean structure），亦即將會估計所有變數的平均數／截距項等資料。若排除平均數／截距項的估計，上例的參數估計數目應為

14，因為本模式所要估計的即是十四個參數資料。

　　所有估計值解釋類似於多元迴歸，例如，FITNESS ON EXERCISE 是 0.206，這猶如 exercise 分數增加一個單位，被預測的 fitness 的分數將增加 0.206 個單位，在 hardiness 的控制之下。下例中的標準誤為 0.025，而 0.206/0.025 = 8.12，8.12 為雙尾 t 檢定下的 t 值，因為考驗結果達顯著（$p <$ 0.001），表示 0.206 是顯著不同於 0，顯著差異於 0。以下為模式參數非標準化解。

MODEL RESULTS

	Estimate	S.E.	Est./S.E.	Two-Tailed P-Value
FITNESS ON				
EXERCISE	0.206	0.025	8.118	0.000
HARDINES	0.161	0.046	3.506	0.000
STRESS ON				
EXERCISE	-0.013	0.051	-0.249	0.803
HARDINES	-0.504	0.086	-5.867	0.000
FITNESS	-0.326	0.092	-3.534	0.000
ILLNESS ON				
EXERCISE	0.047	0.042	1.118	0.264
HARDINES	-0.010	0.074	-0.139	0.890
FITNESS	-0.408	0.077	-5.260	0.000
STRESS	0.314	0.041	7.586	0.000
EXERCISE WITH				
HARDINES	9.080	135.173	0.067	0.946
Means				
EXERCISE	243.583	3.494	69.711	0.000
HARDINES	172.803	1.934	89.339	0.000
Intercepts				
FITNESS	209.370	10.202	20.523	0.000
STRESS	408.088	26.940	15.148	0.000

ILLNESS	204.459	27.978	7.308	0.000
Variances				
EXERCISE	4883.700	345.332	14.142	0.000
HARDINES	1496.508	105.820	14.142	0.000
Residual Variances				
FITNESS	1261.553	89.204	14.142	0.000
STRESS	4285.313	303.019	14.142	0.000
ILLNESS	2936.985	207.674	14.142	0.000

　　EXERCISE WITH HARDINES 是表示 exercise 與 hardiness 這二個變項共變的值是 9.080，在標準化解中它是在這二個變數之間的共變數，而若是非標準化解中則是相關係數。共變數估計值等同於二個變數之間的觀察共變數，亦即 exercise 與 hardiness 相似的程度。非標準化殘差變異告訴研究者，所有潛在依變項（endogenous）其變異的量為何？而這也正是由預測變項所無法解釋的程度。舉例說明，fitness 中無法解釋的變異是 1261.553，互相比較中這個變數的變異是 1508.781。

　　由下面分析的結果可以得知，標準化估計參數的結果 FITNESS ON EXERCISE 是 0.371。亦即在控制 hardiness 之後，exercise 的分數增加 1 個標準差，預測變項 fitness 分數將會增加 0.371 個標準差。以下為標準化解的輸出結果。

STANDARDIZED MODEL RESULTS
STDYX Standardization

	Estimate	S.E.	Est./S.E.	Two-Tailed P-Value
FITNESS ON				
EXERCISE	0.371	0.043	8.721	0.000
HARDINES	0.160	0.045	3.544	0.000
STRESS ON				
EXERCISE	-0.013	0.050	-0.249	0.803

HARDINES	-0.278	0.046	-6.090	0.000
FITNESS	-0.180	0.050	-3.579	0.000
ILLNESS ON				
EXERCISE	0.053	0.047	1.119	0.263
HARDINES	-0.006	0.047	-0.139	0.890
FITNESS	-0.257	0.048	-5.382	0.000
STRESS	0.357	0.045	8.010	0.000
EXERCISE WITH				
HARDINES	0.003	0.050	0.067	0.946
Means				
EXERCISE	3.486	0.133	26.209	0.000
HARDINES	4.467	0.166	26.965	0.000
Intercepts				
FITNESS	5.390	0.388	13.890	0.000
STRESS	5.821	0.351	16.564	0.000
ILLNESS	3.316	0.460	7.203	0.000
Variances				
EXERCISE	1.000	0.000	999.000	999.000
HARDINES	1.000	0.000	999.000	999.000
Residual Variances				
FITNESS	0.836	0.034	24.704	0.000
STRESS	0.872	0.031	27.952	0.000
ILLNESS	0.773	0.037	20.978	0.000

EXERCISE WITH HARDINES 的參數估計值是 0.003，它是估計這二個變項的相關係數（請注意，非標準化之估計參數為共變數，而標準化之估計參數則為相關係數）。這二個變項之間相關係數的參數估計，猶如這二個變項觀察係數的相關係數，其中 exercise 和 hardiness 的變異數的和為 1。

標準化殘差變異數說明了在每一個潛在依變項（endogenous）下，預測變項未能解釋的變異百分比。由上列分析結果來加以說明，fitness 未被解釋的變異部分為 83.6%（1261.55/1508.781 = 83.6%）。

二、R² : 解釋變異的百分比

　　Mplus 亦提供針對所有潛在依變項（endogenous）的 R^2。R^2 的意義類似於多元迴歸中，由預測變項來解釋被預測變項（結果變項）的變異百分比，以下為 Mplus 在上例中所列出的 R^2 分析結果。

R-SQUARE

Observed Variable	Estimate	S.E.	Est./S.E.	Two-Tailed P-Value
FITNESS	0.164	0.034	4.841	0.000
STRESS	0.128	0.031	4.103	0.000
ILLNESS	0.227	0.037	6.169	0.000

　　以上例分析結果，fitness 的 R^2 是 0.164，亦即由預測變項可以解釋 fitness 的變異大約為 16%。對於模式中所有的潛在依變項（endogenous），R^2 的值再加上它標準化殘差變異會等於 1，亦即 0.836＋0.164＝1〔預測變項對於可解釋（R^2）＋未解釋（標準化殘差）=1〕。

2.4
模式的結果報告

　　將上述的分析結果利用 APA 格式可以將模式參數估計報告如下表。

Parameter	Unstandardized	SE	Standardized
	Direct Effects		
Exercise→Fitness	0.206*	0.025	0.371
Hardiness→Fitness	0.161*	0.046	0.160
Exercise→Stress	-0.008	0.048	-0.008
Hardiness→Stress	-0.556*	0.086	-0.307
Exercise→Illness	0.047	0.042	0.054
Hardiness→Illness	-0.010	0.074	-0.007
Fitness→Illness	-0.408*	0.077	-0.260
Stress→Illness	0.314*	0.041	0.362
	Variances and Covariance		
Exercise	4886.584		1.00
Hardiness	1496.519		1.00
Exercise with Hardinesss	9.105		0.003
DFi	1261.543		0.836
DSt	4419.125		0.899
DIl	2937.049		0.795

*$p < 0.01$

一、非標準化估計的路徑圖

下圖為非標準化的路徑分析結果圖（path diagram）。

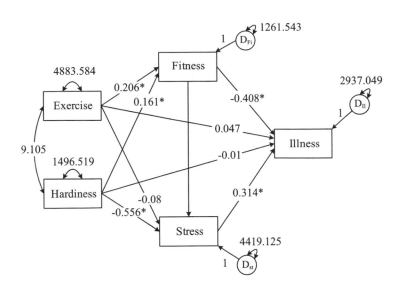

二、標準化的路徑圖

下圖則為標準化的路徑分析結果圖。

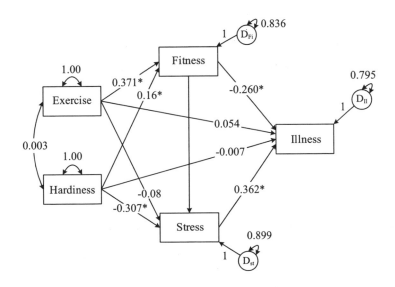

2.5
結構方程模式中的效果值

結構方程模式中的效果值可分為直接效果、間接效果以及總效果等，結構方程模式中的總效果所代表的是，指某一變項對另一變項的解釋量。其中總效果可以分成二個部分，即為直接效果與從部分中介變項（intervening variables）而來的間接效果，一個變項的直接效果是由路徑模式中的權重來加以表示，間接效果則是由直接效果來加以估計。直接效果與間接效果可以藉其標準化或非標準化的結果來加以計算。然而，標準化的結果應較適合使用在當研究者有興趣比較與其他變項間相對重要性的效果時。

一、效果值的範例

Exercise 針對 Illness 有直接效果，其標準化的直接效果值為 0.054。Exercise 同時針對 Illness 有二個個別的間接效果，一個為藉由 Fitness 而另外一個藉由 Stress。個別的間接效果值可以由標準化路徑係數來加以計算。

針對 Exercise → Fitness → Illness：$(0.371)(-0.260) = -0.096$

針對 Exercise → Stress → Illness：$(-0.08)(0.362) = -0.029$

Exercise 在 Illness 的總效果則為：

總效果 = 直接效果 + 間接效果

$$= 0.054 + (-0.096) + (-0.029)$$
$$= 0.054 + (-0.125)$$
$$= -0.071$$

Mplus 中可以在 MODEL 部分增加下列指令來輸出間接效果的分析結果。

MODEL:

　fitness on exercise hardines;

　stress on exercise hardines fitness;

　illness on exercise hardines fitness stress;

　exercise with hardines;

MODEL indirect:

　illness ind exercise;

　illness ind hardines;

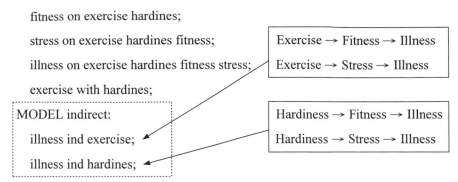

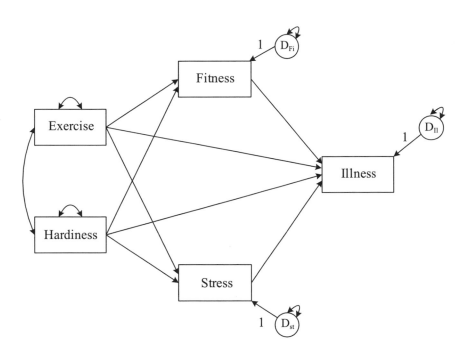

二、效果值報告範例

表 2-1：結構方程模式之直接效果、間接效果以及總效果之一覽表

Independent Variables	Dependent Variables								
	Fitness			Stress			Illness		
	Direct	Indirect	Total	Direct	Indirect	Total	Direct	Indirect	Total
Exercise	0.371*		0.371*	-0.080		-0.080	0.054	-0.125*	-0.072
Hardiness	0.160*		0.160*	-0.307*		-0.307*	-0.007	-0.153*	-0.159*
Fitness							-0.260*		-0.260*
Stress							0.362*		0.360*

*$p < 0.01$

CHAPTER 3

完整結構模型

結構方程模式中的完整結構模型主要包括二個部分，分別是測量模型以及結構模型（DiStefano & Motl, 2006; Kim, Chelladurai, & Trail, 2007; Kline, 2011; Rains & Turner, 2007）。以下依完整結構模型的涵義、辨識、適合度檢定以及完整結構模型的最終方案等說明如下。

3.1
完整結構模型的涵義

何謂完整結構模型（SR 模型）？SR 模型指的是一個完整的結構方程模式，又可稱為混合模型（hybrid model）及結構迴歸模型（structural regression model）（Kline, 2011），如圖 3-1 所示。在 SR 模型中，又可以分成測量模型（圖 3-2）以及結構模型（圖 3-3）等二個部分，以下將以實例說明 SR 模型。

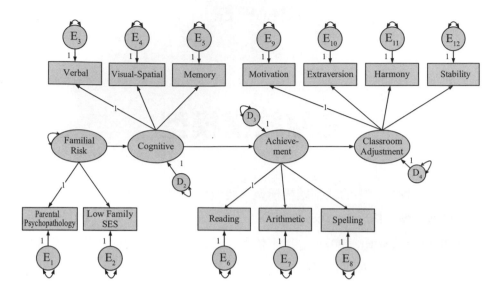

圖 3-1：完整結構模型範例圖

　　由圖 3-1 完整結構模型的範例圖中可以得知，此範例共有十二個觀察變項、四個潛在變項，其中潛在變項 familial risk 主要由 parental psychopathology 以及 low family SES 所組合而成；而 cognitive 主要是由 verbal、visual-spatial 以及 memory 等三個觀察變項所組合而成；另外 achievement 主要是由 reading、arithmetic 以及 spelling 等三個觀察變項所構成；至於 classroom adjustment 則是由 motivation、extraversion、harmony 以及 stability 等四個觀察變項所構成。

一、測量模型

　　測量模型的關係主要包括下列意涵，亦即測量模型是描述：(1)潛在因素與觀察變數之間的關係；(2)誤差與觀察變數之間的關係；以及(3)觀察變數誤差間的變異數以及共變數，圖 3-2 即為測量模型的範例。

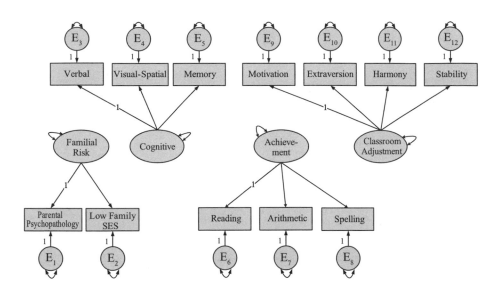

圖 3-2：測量模型範例圖

　　圖 3-2 包括四個測量模型，分別是 familial risk、cognitive、achievement 以及 classroom adjustment 等四個潛在變項所構成的測量模型，若在 Mplus 的程式碼中則可以利用下列的程式碼來描述這四個測量模型。

```
MODEL:
    familial by psych ses;
    cognit by verbal visual memory;
    achiev by reading arith spelling;
    adjust by motiv extra harmony stab;
```

二、結構模型

　　結構方程模式中結構模型的關係主要包括下列意涵，分別是描述：(1)潛在因素與因素之間的關係；(2)因素之間的變異數以及共變數（也許不是

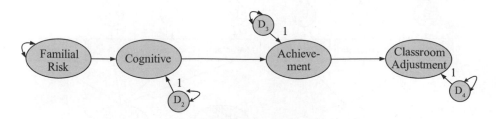

圖 3-3：結構模型範例圖

模式中的參數）；以及(3)因素干擾變項的變異數以及共變數，圖 3-3 即為結構模型的說明範例。

　　圖 3-3 的結構模型中，主要有四個潛在變項，而這個潛在變項之中，除了 familial risk 之外，其餘三個潛在變項皆存在一個干擾變項，亦即只要是被預測的潛在依變項即會存在干擾變項，下述是將上述的結構模型利用 Mplus 所撰寫而成的分析程式碼。

```
MODEL:
    cognit on familial;
    achiev on cognit;
    adjust on achiev;
```

　　以下是以 familial risk 與 child adjustment 之間的關係為範例之完整結構模型（SR），下述為各個觀察變項之間的相關係數矩陣。

Correlation Matrix for Analysis of a Structural Model of Familial Risk and Child Adjustment

Variable	1	2	3	4	5	6	7	8	9	10	11	12
Familial Risk												
1.Par Psych	1.00											
2.Low SES	0.42	1.00										
Cognitive Ability												
3.Verbal	-0.43	-0.50	1.00									
4.Visual-Spatial	-0.40	-0.40	0.66	1.00								
5.Memory	-0.35	-0.38	0.67	0.66	1.00							
Achievement												
6.Reading	-0.39	-0.43	0.78	0.56	0.73	1.00						
7.Arithmetic	-0.24	-0.37	0.69	0.49	0.70	0.73	1.00					
8.Spelling	-0.31	-0.33	0.63	0.49	0.72	0.87	0.72	1.00				
Classroom Adjustment												
9.Motivation	-0.25	-0.25	0.49	0.32	0.58	0.53	0.60	0.59	1.00			
10.Extraversion	-0.14	-0.17	0.18	0.09	0.17	0.14	0.15	0.15	0.25	1.00		
11.Harmony	-0.25	-0.26	0.42	0.25	0.46	0.42	0.44	0.45	0.77	0.19	1.00	
12.Stability	-0.16	-0.18	0.33	0.27	0.35	0.36	0.38	0.38	0.59	-0.29	0.58	1.00

(註記一：分測驗內相關高，分測驗外相關低)

(註記二：分測驗內相關高)

　　從上述的相關矩陣中可以發現觀察變項之間的關係模式，分測驗內變項之間的相關高，而分測驗之間的變項其相關係數則會比分測驗內變項的相關低。以下是 familial risk 與 child adjustment 完整結構模型的 Mplus 參數估計程式。

```
TITLE: A Full Structural Model of Classroom Adjustment
DATA:
    FILE IS mplus_31.dat;
    TYPE IS COVARIANCE;
    NGROUPS = 1;
    NOBSERVATIONS = 158;
```

```
VARIABLE:
    NAMES ARE psych ses verbal visual memory reading arith spelling motiv ex-
    tra harmony stab;
    USEVARIABLES ARE psych ses verbal visual memory reading arith spelling
    motiv extra harmony stab;
ANALYSIS:
    TYPE IS GENERAL;
    ESTIMATOR IS ML;
    ITERATIONS = 1000;
    CONVERGENCE = 0.00005;
MODEL:
    familial by psych ses;
    cognit by verbal visual memory;
    achiev by reading arith spelling;
    adjust by motiv extra harmony stab;
    cognit on familial;
    achiev on cognit;
    adjust on achiev;
OUTPUT: RESIDUAL STDYX MODINDICES TECH4;
```

　　上述模式中的估計參數是 27，其中所要估計的參數包括：(1)觀察變項與潛在變項的測量誤差（measurement error）：12；(2)觀察變項與潛在變項之間的負荷量（loading）：8；(3)潛在變項之間的負荷量：3；(4)潛在變項的誤差變異（error variance）：3；(5)潛在變項的變異數（variance）：1。所以總共需要估計的參數為 12 + 8 + 3 + 3 + 1 = 27。因為有十二個觀察變項，所以參數空間是 12 × 13/2 = 78。因此 df = 78 − 27 = 51，因此由 t 規則的判定下，此模式可供辨識，下述為模式中的適配結果。

MODEL FIT INFORMATION

Number of Free Parameters   27

Loglikelihood

      H0 Value   -2129.046

      H1 Value   -2032.522

Information Criteria

      Akaike (AIC)   4312.092

      Bayesian (BIC)   4394.782

      Sample-Size Adjusted BIC   4309.314

       ($n^* = (n + 2) / 24$)

Chi-Square Test of Model Fit

      Value   193.048

      Degrees of Freedom   51

      P-Value   0.0000

RMSEA (Root Mean Square Error of Approximation)

      Estimate   0.133

      90 Percent C.I.   0.113   0.153

      Probability RMSEA <= 0.05   0.000

CFI/TLI

      CFI   0.885

      TLI   0.851

Chi-Square Test of Model Fit for the Baseline Model

      Value   1303.533

      Degrees of Freedom   66

      P-Value   0.0000

SRMR (Standardized Root Mean Square Residual)

      Value   0.068

由上述之模式適合度指標看來，由於卡方值達顯著（$p < 0.001$）、RMSEA $= 0.133 > 0.03$、CFI $= 0.885 < 0.90$、TLI $= 0.851 < 0.90$、SRMR $= 0.068$ > 0.05，幾乎所有的適配性指標都未達適配的結果，表示模式適合情形並不佳。

三、完整結構模型與測量模型之關係

由於上述模型的適配情形並不佳，因此擬繼續探討如何估計模型的參數，首先將探討完整結構模型與其測量模型之間的關係，說明如下。

1. 完整結構模型與其測量模型

為了要討論完整結構模型的識別問題（identification），必須要定義測量模型與完整結構模型的關係。測量模型與完整結構模型的關係與完整結構模型中的測量元素（模式）具有不同的意義。為了要了解測量模型與完整結構模型之間的關係，分析的步驟為：(1)移除所有潛在因素間的直接路徑；(2)移除潛在因素中的干擾誤差（error variance/disturbances）；(3)加入在各潛在因素之間所有可能的共變數（covariances）。經由上述分析的步驟後，完整結構模型與測量模型之間比較的結果如下圖所示，完整結構模型在左邊，測量模型為右邊。

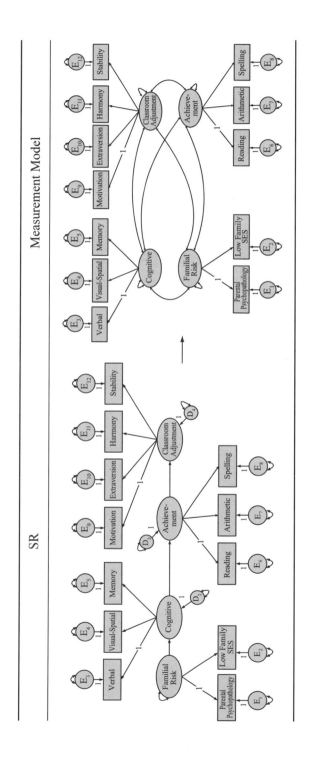

2. 測量模型

圖 3-4 為測量模型之圖形。

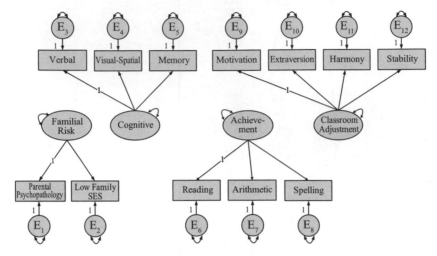

圖 3-4：測量模型圖

3. 完整結構模型

由圖 3-5 中可以得知完整結構模型是內嵌於測量模型中。

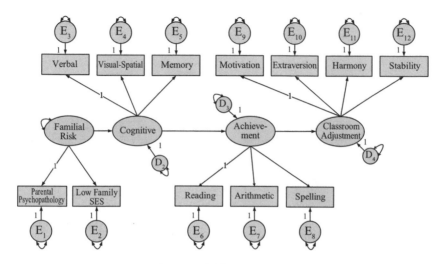

圖 3-5：完整結構模型圖

由圖 3-6 可以得知，最上為原始的完整結構圖，而中間的圖形則為調整至測量模型的構想圖，至於最下面的圖形則為調整為測量模型的圖形。

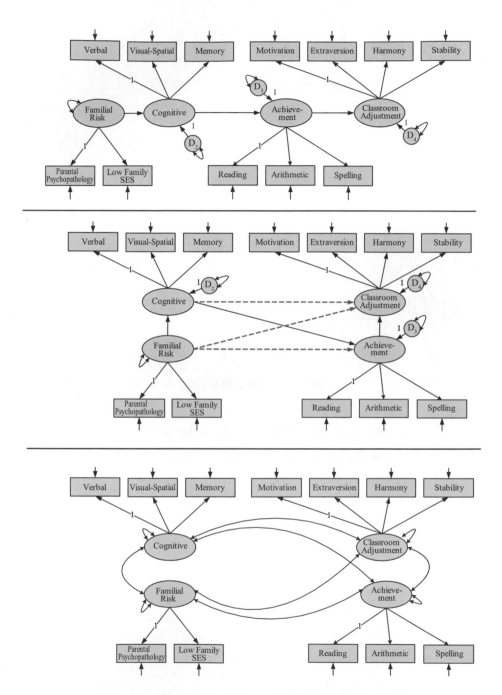

圖 3-6：完整結構模型與測量結構模型的關係步驟圖

3.2
完整結構模型的辨識

釐清完整結構模型與測量模型的關係後，繼續將進行的是判斷 SR 模型是否可辨識？以下以圖 3-5 完整結構模型圖為例說明辨識的二個步驟。

步驟 1：判斷測量模型是否可以辨識。

步驟 2：僅評估模型中的結構成分。

步驟 2 之中又可以分為二個部分：(1)將這些潛在因素視為路徑分析模式中的變數；(2)在這個模型中利用路徑分析模式的辨識原則。

假如步驟 1 與步驟 2 指出這個模型是可以被辨識（測量模型與結構成分），代表這完整結構模型是可以被辨識的。

一、步驟 1

觀察變項有十二個，所以估計參數空間為 $12 \times 13/2 = 78$，而此模式中需要估計的參數即為觀察變項與測量變項的測量誤差為十二個，觀察變項的負荷量有八個，潛在變項之間的共變數有六個，潛在變項的變異數有四個，因此模式中所要估計的參數為 $12 + 8 + 6 + 4 = 30$，所以自由度為 $df = 78 - (12 + 8 + 6 + 4) = 78 - 30 = 48$，因此通過 t 規則的辨識原則。

另外有二個以上的潛在變項（因素），所以每個潛在變項只要有二個以上的觀察變項即可，因此本模型通過二個指標辨識原則，表示此測量模型是可被辨識。

二、步驟 2

評估 SR 模型中的結構成分是否可被辨識？判斷模型中的結構模型是否可辨識，可利用遞迴路徑模型中的 t 規則原則來加以判斷，模型中有四

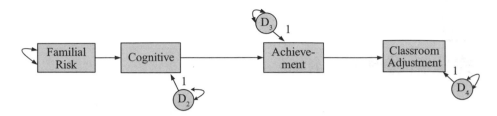

圖 3-7：完整結構模型中的結構成分

個變項，所以參數估計空間是 $4 \times 5/2 = 10$，其中需要估計的參數為負荷量有三個、變異數有一個、誤差變異有三個，所以自由度 $= 10 - (3 + 1 + 3) = 10 - 7 = 3 > 0$，因此通過 t 規則的辨識原則。

類似於路徑模式可以表示如圖 3-7。

3.3
完整結構模型的適合度檢定

針對完整結構模型中的適合度檢定，有一些方法可以加以進行，說明如下。

一、二步驟取向的適合度檢定

Anderson 與 Gerbing（1988）建議可以利用二步驟的取向來探討完整結構模型的模型適合度。

步驟 1：評估測量模型是否適配。假如測量模型適配，逕行到步驟 2。假如測量模型不適配，修正測量模型後，再到步驟 2。

步驟 2：評估結構成分的適配程度，計算 SR 模型與測量模型是否適配。假如適配，則參數估計可以停止。假如不適配，修正結構成分。

以下為利用範例說明二步驟取向的適合度檢定方式。

1. 步驟 1-1：測量模型

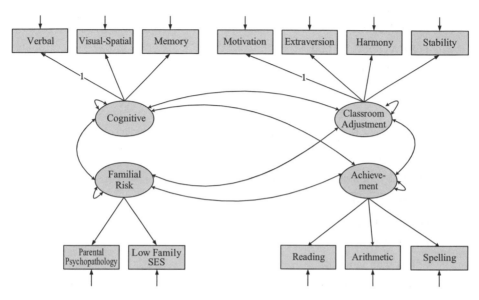

圖 3-8：測量模型圖

　　圖 3-8 是測量模型圖，此時測量模型的自由度個數為四十八個，並且模型是符合可辨識原則，接下來將利用 Mplus 進行上述測量模型的參數估計。

TITLE: A Full Structural Model of Classroom Adjustment
DATA:
　　FILE IS mplus_31.dat;
　　TYPE IS COVARIANCE;NGROUPS = 1;
　　NOBSERVATIONS = 158;
VARIABLE:
　　NAMES ARE psych ses verbal visual memory reading arith spelling
　　motiv extra harmony stab;
　　USEVARIABLES ARE psych ses verbal visual memory reading arith spelling

```
    motiv extra harmony stab;
ANALYSIS:
    TYPE IS GENERAL;
    ESTIMATOR IS ML;
    ITERATIONS = 1000;
    CONVERGENCE = 0.00005;
MODEL:
    familial by psych ses;
    cognit by verbal visual memory;
    achiev by reading arith spelling;
    adjust by motiv extra harmony stab;
    cognit with adjust;
    cognit with familial;
    cognit with achiev;
    adjust with familial;
    adjust with achiev;
    familial with achiev;
OUTPUT: RESIDUAL STDYX MODINDICES TECH4;
```

上述程式的分析結果如下所示，首先是在模型的分析摘要。

SUMMARY OF ANALYSIS

Number of groups	1
Number of observations	158
Number of dependent variables	12
Number of independent variables	0
Number of continuous latent variables	4

Observed dependent variables

Continuous

   PSYCH   SES   VERBAL   VISUAL   MEMORY   READING
   ARITH   SPELLING MOTIV   EXTRA   HARMONY   STAB

Continuous latent variables

   FAMILIAL   COGNIT   ACHIEV   ADJUST

　　由上述的結果可以得知此分析是單組分析，受試者人數為 158、觀察變項十二個、潛在變項四個，下述為模型適配情形。

MODEL FIT INFORMATION

Number of Free Parameters   30

Loglikelihood

   H0 Value   -2127.146

   H1 Value   -2032.522

Information Criteria

   Akaike (AIC)   4314.292

   Bayesian (BIC)   4406.170

   Sample-Size Adjusted BIC   4311.205

    ($n^* = (n + 2) / 24$)

Chi-Square Test of Model Fit

   Value   189.248

   Degrees of Freedom   48

   P-Value   0.0000

RMSEA (Root Mean Square Error of Approximation)

   Estimate   0.136

   90 Percent C.I.   0.116   0.157

   Probability RMSEA <= 0.05   0.000

CFI/TLI

   CFI   0.886

   TLI   0.843

Chi-Square Test of Model Fit for the Baseline Model

Value	1303.533
Degrees of Freedom	66
P-Value	0.0000

SRMR (Standardized Root Mean Square Residual)

Value	0.067

上述的模型適配情形中，卡方值達顯著、RMSEA = 0.136 > 0.08、CFI = 0.886 < 0.95、TLI = 0.843 < 0.95、SRMR = 0.067 > 0.05，可知模型適配情形皆不適配，因此再繼續修正模型，下述為標準化的參數估計結果。

STANDARDIZED MODEL RESULTS

STDYX Standardization

	Estimate	S.E.	Est./S.E.	Two-Tailed P-Value
FAMILIAL BY				
PSYCH	0.616	0.071	8.623	0.000
SES	0.682	0.071	9.568	0.000
COGNIT BY				
VERBAL	0.860	0.027	32.409	0.000
VISUAL	0.718	0.043	16.835	0.000
MEMORY	0.836	0.029	28.714	0.000
ACHIEV BY				
READING	0.947	0.014	67.981	0.000
ARITH	0.798	0.031	25.378	0.000
SPELLING	0.905	0.018	49.624	0.000
ADJUST BY				
MOTIV	0.950	0.027	35.415	0.000
EXTRA	0.221	0.079	2.805	0.005
HARMONY	0.814	0.035	23.227	0.000
STAB	0.629	0.052	11.990	0.000

COGNIT WITH

ADJUST	0.623	0.060	10.428	0.000
FAMILIAL	-0.777	0.076	-10.276	0.000
ACHIEV	0.909	0.025	35.783	0.000

ADJUST WITH

FAMILIAL	-0.419	0.096	-4.370	0.000
ACHIEV	0.632	0.055	11.502	0.000

FAMILIAL WITH

ACHIEV	-0.622	0.082	-7.565	0.000

Variances

FAMILIAL	1.000	0.000	999.000	999.000
COGNIT	1.000	0.000	999.000	999.000
ACHIEV	1.000	0.000	999.000	999.000
ADJUST	1.000	0.000	999.000	999.000

Residual Variances

PSYCH	0.621	0.088	7.051	0.000
SES	0.535	0.097	5.506	0.000
VERBAL	0.260	0.046	5.701	0.000
VISUAL	0.484	0.061	7.906	0.000
MEMORY	0.301	0.049	6.172	0.000
READING	0.102	0.026	3.878	0.000
ARITH	0.362	0.050	7.213	0.000
SPELLING	0.180	0.033	5.463	0.000
MOTIV	0.097	0.051	1.905	0.057
EXTRA	0.951	0.035	27.278	0.000
HARMONY	0.337	0.057	5.897	0.000
STAB	0.605	0.066	9.181	0.000

R-SQUARE

Observed Variable	Estimate	S.E.	Est./S.E.	Two-Tailed P-Value
PSYCH	0.379	0.088	4.311	0.000
SES	0.465	0.097	4.784	0.000

VERBAL	0.740	0.046	16.204	0.000
VISUAL	0.516	0.061	8.418	0.000
MEMORY	0.699	0.049	14.357	0.000
READING	0.898	0.026	33.991	0.000
ARITH	0.638	0.050	12.689	0.000
SPELLING	0.820	0.033	24.812	0.000
MOTIV	0.903	0.051	17.708	0.000
EXTRA	0.049	0.035	1.402	0.161
HARMONY	0.663	0.057	11.614	0.000
STAB	0.395	0.066	5.995	0.000

將上述模型參數估計後的標準化參數結果，整理如圖 3-9 所示。

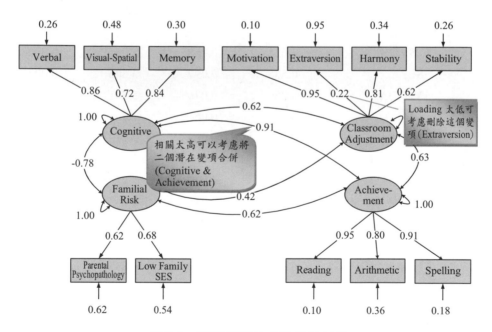

圖 3-9：測量模型的參數估計結果

上述測量模型的估計結果，可以根據以下考慮的原則加以修正模型，如下所述。

(1) 這個模式的適合程度如何？上述的估計結果中：(a)卡方值＝189.248
達顯著水準 $p < 0.05$；(b)RMSEA ＝ 0.316 > 0.08；(c)CFI ＝ 0.886 <
0.95；(d)TLI ＝ 0.843 < 0.95；(e)SRMR ＝ 0.067 > 0.05，因為以上的適
配度指標都未達模型的適配標準，因此本模型並未適配，亦即資料
與理論模型並未適配。接下來繼續觀察潛在變項與觀察變項之間的
因素負荷量為何？

```
Chi-Square Test of Model Fit
        Value                       189.248
        Degrees of Freedom          48
        P-Value                     0.0000
RMSEA (Root Mean Square Error Of Approximation)
        Estimate                    0.136
CFI/TLI
        CFI                         0.886
        TLI                         0.843
SRMR (Standardized Root Mean Square Residual)
        Value                       0.067
```

(2) 由分析結果中可以發現潛在變項與 Extraversion 這個觀察變項之間
的因素負荷量為 0.221，小於 0.3，所以建議刪除 Extraversion 這個
觀察變項。

```
ADJUST  BY
   EXTRA        0.221       0.079       2.805       0.005
```

(3) 潛在變項之間的相關情形中，Cognitive 與 Achievement 這二個潛在
變項之間的相關（標準化解為相關，原始解為共變數）太高（高於

0.90），可以將 Cognitive 與 Achievement 這二個潛在變項合併（亦
即將 Cognitive 與 Achievement 這二個潛在變項的觀察變項合併成一
個潛在變項）。

COGNIT WITH

    ACHIEV   0.909   0.025   35.783   0.000

(4) 觀察殘差的共變數矩陣以及修正指標（modification indexes, MI）的
建議也是在模型修正中重要的參考標準，而本例測量模型的估計結
果中，其殘差共變數矩陣以及修正指標值（MI）結果如下所示。

RESIDUAL OUTPUT
   ESTIMATED MODEL AND RESIDUALS (OBSERVED - ESTIMATED)
     Model Estimated Covariances/Correlations/Residual Correlations

	PSYCH	SES	VERBAL	VISUAL	MEMORY
PSYCH	0.994				
SES	0.417	0.994			
VERBAL	-0.409	-0.453	0.994		
VISUAL	-0.342	-0.378	0.614	0.994	
MEMORY	-0.398	-0.441	0.715	0.597	0.994
READING	-0.361	-0.399	0.736	0.615	0.716
ARITH	-0.304	-0.336	0.620	0.518	0.603
SPELLING	-0.345	-0.381	0.703	0.587	0.684
MOTIV	-0.244	-0.270	0.506	0.422	0.492
EXTRA	-0.057	-0.063	0.118	0.098	0.114
HARMONY	-0.209	-0.231	0.433	0.362	0.421
STAB	-0.161	-0.179	0.334	0.279	0.325

     Model Estimated Covariances/Correlations/Residual Correlations

	READING	ARITH	SPELLING	MOTIV	EXTRA
READING	0.994				
ARITH	0.752	0.994			

SPELLING	0.852	0.718	0.994	
MOTIV	0.565	0.476	0.540	0.994
EXTRA	0.132	0.111	0.126	0.209	0.994
HARMONY	0.484	0.408	0.463	0.769	0.179
STAB	0.374	0.315	0.357	0.593	0.138

Model Estimated Covariances/Correlations/Residual Correlations

	HARMONY	STAB
HARMONY	0.994	
STAB	0.509	0.994

Residuals for Covariances/Correlations/Residual Correlations

	PSYCH	SES	VERBAL	VISUAL	MEMORY
PSYCH	0.000				
SES	0.000	0.000			
VERBAL	-0.018	-0.044	0.000		
VISUAL	-0.056	-0.019	0.042	0.000	
MEMORY	0.050	0.063	-0.049	0.059	0.000
READING	-0.027	-0.028	0.039	-0.058	0.010
ARITH	0.065	-0.031	0.065	-0.031	0.092
SPELLING	0.037	0.053	-0.077	-0.100	0.032
MOTIV	-0.004	0.022	-0.019	-0.104	0.085
EXTRA	-0.082	-0.106	0.061	-0.009	0.055
HARMONY	-0.039	-0.027	-0.016	-0.113	0.036
STAB	0.002	0.000	-0.007	-0.011	0.023

Residuals for Covariances/Correlations/Residual Correlations

	READING	ARITH	SPELLING	MOTIV	EXTRA
READING	0.000				
ARITH	-0.026	0.000			
SPELLING	0.012	-0.003	0.000		
MOTIV	-0.038	0.120	0.046	0.000	
EXTRA	0.008	0.038	0.023	0.040	0.000
HARMONY	-0.067	0.029	-0.016	-0.004	0.010
STAB	-0.016	0.063	0.020	-0.007	-0.426

Residuals for Covariances/Correlations/Residual Correlations

	HARMONY	STAB
HARMONY	0.000	
STAB	0.068	0.000

Standardized Residuals (z-scores) for Covariances/Correlations/Residual Corr

	PSYCH	SES	VERBAL	VISUAL	MEMORY
PSYCH	999.000				
SES	0.000	0.013			
VERBAL	-0.658	-1.493	999.000		
VISUAL	-1.209	-0.451	1.528	999.000	
MEMORY	2.001	2.905	999.000	1.850	999.000
READING	-0.847	-1.021	1.704	-15.968	0.577
ARITH	1.490	-0.693	1.833	-0.936	2.322
SPELLING	1.099	1.957	999.000	999.000	1.257
MOTIV	-0.110	0.692	-0.880	-3.186	2.335
EXTRA	-1.093	-1.418	0.943	-0.128	0.831
HARMONY	-0.743	-0.563	-0.457	-2.650	0.872
STAB	0.038	-0.004	-0.130	-0.190	0.427

Standardized Residuals (z-scores) for Covariances/Correlations/Residual Corr

	READING	ARITH	SPELLING	MOTIV	EXTRA
READING	999.000				
ARITH	999.000	999.000			
SPELLING	1.025	-0.214	999.000		
MOTIV	999.000	2.642	1.617	999.000	
EXTRA	0.126	0.576	0.376	2.468	0.000
HARMONY	-3.120	0.641	-0.482	999.000	0.242
STAB	-0.357	1.094	0.412	999.000	-6.933

Standardized Residuals (z-scores) for Covariances/Correlations/Residual Corr

	HARMONY	STAB
HARMONY	999.000	
STAB	2.045	999.000

Normalized Residuals for Covariances/Correlations/Residual Correlations

	PSYCH	SES	VERBAL	VISUAL	MEMORY
PSYCH	0.000				
SES	0.000	0.000			
VERBAL	-0.209	-0.495	0.000		
VISUAL	-0.655	-0.226	0.444	0.000	
MEMORY	0.599	0.744	-0.515	0.624	0.000
READING	-0.317	-0.327	0.389	-0.641	0.099
ARITH	0.805	-0.371	0.680	-0.352	0.958
SPELLING	0.441	0.643	-0.828	-1.139	0.324
MOTIV	-0.055	0.265	-0.213	-1.255	0.927
EXTRA	-1.032	-1.323	0.762	-0.111	0.680
HARMONY	-0.483	-0.330	-0.187	-1.392	0.411
STAB	0.030	-0.003	-0.079	-0.134	0.270

Normalized Residuals for Covariances/Correlations/Residual Correlations

	READING	ARITH	SPELLING	MOTIV	EXTRA
READING	0.000				
ARITH	-0.269	0.000			
SPELLING	0.117	-0.029	0.000		
MOTIV	-0.430	1.301	0.504	0.000	
EXTRA	0.095	0.478	0.293	0.486	0.000
HARMONY	-0.781	0.336	-0.180	-0.038	0.122
STAB	-0.191	0.740	0.241	-0.078	-5.179

Normalized Residuals for Covariances/Correlations/Residual Correlations

	HARMONY	STAB
HARMONY	0.000	
STAB	0.741	0.000

MODEL MODIFICATION INDICES

NOTE: Modification indices for direct effects of observed dependent variables regressed on covariates may not be included. To include these, request MODINDICES (ALL).

Minimum M.I. value for printing the modification index　10.000

	M.I.	E.P.C.	Std E.P.C.	StdYX E.P.C.
BY Statements				
FAMILIAL BY SPELLING	11.076	0.423	0.260	0.260
COGNIT BY SPELLING	18.605	-0.870	-0.746	-0.748
ACHIEV BY VISUAL	16.420	-0.941	-0.888	-0.891
ADJUST BY READING	13.305	-0.224	-0.212	-0.212
WITH Statements				
MEMORY WITH VERBAL	18.388	-0.184	-0.184	-0.661
READING WITH VERBAL	15.635	0.090	0.090	0.554
ARITH WITH READING	10.945	-0.096	-0.096	-0.504
SPELLING WITH VERBAL	21.538	-0.112	-0.112	-0.518
SPELLING WITH READING	15.557	0.147	0.147	1.087
EXTRA WITH MOTIV	10.961	0.160	0.160	0.529
STAB WITH EXTRA	53.831	-0.454	-0.454	-0.602

圖 3-10 為根據上述的分析結果所進行的修正測量模型圖。

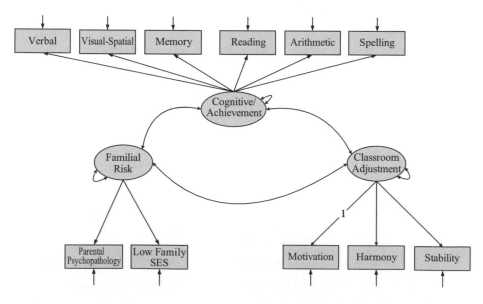

圖 3-10：修正測量模型圖

計算模式參數估計的自由度，觀察變項有十一個，所以參數估計空間有 $11 \times 12/2 = 66$ 個，觀察變項與潛在變項的測量誤差有十一個，潛在變項對觀察變項的因素負荷量有八個，潛在變項間的共變數有三個，潛在變項的變異數有三個，所以此修正的測量模型其自由度值為 $df = 66 - (11 + 8 + 3 + 3) = 66 - 25 = 41$。符合 t 規則的辨識原則，因此進行參數的估計。以下則是利用 Mplus 所進行測量模型的估計程式。

```
TITLE: A Full Structural Model of Classroom Adjustment
DATA:
    FILE IS mplus_31.dat;
    TYPE IS COVARIANCE; NGROUPS = 1;
    NOBSERVATIONS = 158;
VARIABLE:
    NAMES ARE psych ses verbal visual memory reading arith spelling motiv
    extra harmony stab;
    USEVARIABLES ARE psych ses verbal visual memory reading arith spelling
    motiv harmony stab;
ANALYSIS:
    TYPE IS GENERAL;
    ESTIMATOR IS ML;
    ITERATIONS = 1000;
    CONVERGENCE = 0.00005;
MODEL:
    familial by psych ses;
    cogachie by verbal visual memory reading arith spelling;
    adjust by motiv harmony stab;
    familial with cogachie;
    familial with adjust;
    cogachie with adjust;
OUTPUT: SAMPSTAT RESIDUAL STDYX MODINDICES TECH4;
```

由上述 Mplus 程式的參數估計結果如下所示。

MODEL FIT INFORMATION

Number of Free Parameters   25

Loglikelihood

     H0 Value   -1922.231

     H1 Value   -1848.227

Information Criteria

     Akaike (AIC)   3894.463

     Bayesian (BIC)   3971.028

     Sample-Size Adjusted BIC   3891.891

      $(n^* = (n + 2) / 24)$

Chi-Square Test of Model Fit

     Value   148.008

     Degrees of Freedom   41

     P-Value   0.0000

RMSEA (Root Mean Square Error of Approximation)

     Estimate   0.129

     90 Percent C.I.   0.107   0.151

     Probability RMSEA <= 0.05   0.000

CFI/TLI

     CFI   0.909

     TLI   0.877

Chi-Square Test of Model Fit for the Baseline Model

     Value   1224.741

     Degrees of Freedom   55

     P-Value   0.0000

SRMR (Standardized Root Mean Square Residual)

     Value   0.052

由上述的模型適配情形來看，可以發現，其卡方值仍是達顯著、RMSEA

= 0.129 > 0.08、CFI = 0.909 < 0.950、TLI = 0.877 < 0.950、SRMR = 0.052 > 0.050，因此模型仍未達適配的標準，以下為原始以及標準化的參數估計結果。

MODEL RESULTS

	Estimate	S.E.	Est./S.E.	Two-Tailed P-Value
FAMILIAL BY				
PSYCH	1.000	0.000	999.000	999.000
SES	1.132	0.228	4.957	0.000
COGACHIE BY				
VERBAL	1.000	0.000	999.000	999.000
VISUAL	0.787	0.088	8.904	0.000
MEMORY	1.002	0.081	12.418	0.000
READING	1.130	0.075	15.011	0.000
ARITH	0.987	0.081	12.143	0.000
SPELLING	1.071	0.078	13.771	0.000
ADJUST BY				
MOTIV	1.000	0.000	999.000	999.000
HARMONY	0.883	0.072	12.351	0.000
STAB	0.693	0.077	9.006	0.000
FAMILIAL WITH				
COGACHIE	-0.338	0.074	-4.545	0.000
ADJUST	-0.239	0.070	-3.389	0.001
COGACHIE WITH				
ADJUST	0.498	0.082	6.083	0.000
Variances				
FAMILIAL	0.369	0.111	3.325	0.001
COGACHIE	0.671	0.108	6.241	0.000
ADJUST	0.867	0.121	7.187	0.000

Residual Variances

PSYCH	0.625	0.098	6.355	0.000
SES	0.521	0.106	4.920	0.000
VERBAL	0.322	0.041	7.813	0.000
VISUAL	0.578	0.068	8.523	0.000
MEMORY	0.319	0.041	7.797	0.000
READING	0.136	0.024	5.615	0.000
ARITH	0.339	0.043	7.893	0.000
SPELLING	0.224	0.032	7.081	0.000
MOTIV	0.127	0.050	2.553	0.011
HARMONY	0.317	0.052	6.087	0.000
STAB	0.577	0.071	8.164	0.000

STANDARDIZED MODEL RESULTS

STDYX Standardization

	Estimate	S.E.	Est./S.E.	Two-Tailed P-Value
FAMILIAL BY				
PSYCH	0.609	0.076	8.043	0.000
SES	0.690	0.077	8.993	0.000
COGACHIE BY				
VERBAL	0.822	0.028	28.861	0.000
VISUAL	0.647	0.049	13.293	0.000
MEMORY	0.824	0.028	29.174	0.000
READING	0.929	0.015	62.299	0.000
ARITH	0.812	0.030	27.253	0.000
SPELLING	0.880	0.021	41.980	0.000
ADJUST BY				
MOTIV	0.934	0.028	33.930	0.000
HARMONY	0.825	0.034	23.977	0.000
STAB	0.648	0.051	12.685	0.000
FAMILIAL WITH				
COGACHIE	-0.679	0.078	-8.722	0.000

ADJUST	-0.422	0.097	-4.371	0.000
COGACHIE WITH				
ADJUST	0.653	0.053	12.325	0.000
Variances				
FAMILIAL	1.000	0.000	999.000	999.000
COGACHIE	1.000	0.000	999.000	999.000
ADJUST	1.000	0.000	999.000	999.000
Residual Variances				
PSYCH	0.629	0.092	6.821	0.000
SES	0.524	0.106	4.957	0.000
VERBAL	0.324	0.047	6.929	0.000
VISUAL	0.582	0.063	9.247	0.000
MEMORY	0.321	0.047	6.905	0.000
READING	0.137	0.028	4.944	0.000
ARITH	0.341	0.048	7.059	0.000
SPELLING	0.225	0.037	6.096	0.000
MOTIV	0.127	0.051	2.478	0.013
HARMONY	0.320	0.057	5.629	0.000
STAB	0.581	0.066	8.784	0.000

　　由上述標準化解的參數估計結果，整理後繪製成圖 3-11 的標準化解參
數估計模型圖。

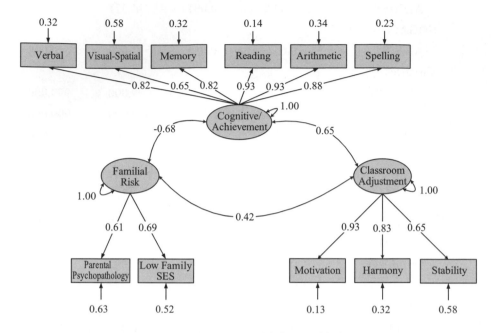

圖 3-11：標準化解參數估計模型圖

　　上述測量模型的模型適配情形仍未達理想，而潛在變項解釋觀察變項的負荷量中，最小值為 0.609 而最大值為 0.934，並沒有出現負荷量小於 0.30 的情形，所以在上述測量模型中的因素負荷量情形是理想的。

FAMILIAL BY				
PSYCH	0.609	0.076	8.043	0.000
SES	0.690	0.077	8.993	0.000
COGACHIE BY				
VERBAL	0.822	0.028	28.861	0.000
VISUAL	0.647	0.049	13.293	0.000
MEMORY	0.824	0.028	29.174	0.000
READING	0.929	0.015	62.299	0.000
ARITH	0.812	0.030	27.253	0.000

SPELLING	0.880	0.021	41.980	0.000
ADJUST BY				
MOTIV	0.934	0.028	33.930	0.000
HARMONY	0.825	0.034	23.977	0.000
STAB	0.648	0.051	12.685	0.000

潛在變項之間的相關中，因為沒有任二個潛在變項之相關係數值大於 0.90，目前分別為 0.679 以及 0.422。所以潛在變項的相關亦是呈現理想的情形。

FAMILIAL WITH				
COGACHIE	-0.679	0.078	-8.722	0.000
ADJUST	-0.422	0.097	-4.371	0.000
COGACHIE WITH				
ADJUST	0.653	0.053	12.325	0.000

至於殘差共變數矩陣和 MI 值的建議值如下所示。

Residuals for Covariances/Correlations/Residual Correlations

	PSYCH	SES	VERBAL	VISUAL	MEMORY
PSYCH	0.000				
SES	0.000	0.000			
VERBAL	-0.089	-0.114	0.000		
VISUAL	-0.132	-0.096	0.128	0.000	
MEMORY	-0.009	0.006	-0.007	0.126	0.000
READING	-0.006	0.005	0.016	-0.040	-0.035
ARITH	0.095	0.010	0.023	-0.035	0.031
SPELLING	0.054	0.082	-0.093	-0.079	-0.005
MOTIV	-0.010	0.022	-0.011	-0.074	0.077
HARMONY	-0.038	-0.020	-0.023	-0.098	0.016
STAB	0.006	0.009	-0.018	-0.004	0.001

Residuals for Covariances/Correlations/Residual Correlations

	READING	ARITH	SPELLING	MOTIV	HARMONY
READING	0.000				
ARITH	-0.024	0.000			
SPELLING	0.052	0.005	0.000		
MOTIV	-0.037	0.104	0.052	0.000	
HARMONY	-0.080	0.003	-0.024	-0.001	0.000
STAB	-0.033	0.036	0.008	-0.015	0.046

Residuals for Covariances/Correlations/Residual Correlations

	STAB
STAB	0.000

在上述殘差共變數矩陣中，有部分的值並不理想，整理如表 3-1。至於在建議的修正指標中，僅有少數需要修正，如下所述。

表 3-1：殘差共變數矩陣一覽表

	PSYCH	SES	VERABL	VISUAL	MEMORY	READING	ARITH	SPELLING	MOTIV	HARMONY	STAB
PSYCH	0.000										
SES	0.000	0.000									
VERBAL	-0.089	-0.114	0.000								
VISUAL	-0.132	-0.096	0.128	0.000							
MEMORY	-0.009	0.006	-0.007	0.126	0.000						
READING	-0.006	0.005	0.016	-0.040	-0.035	0.000					
ARITH	0.095	0.010	0.023	-0.035	0.031	-0.024	0.000				
SPELLING	0.054	0.082	-0.093	-0.079	-0.005	0.052	0.005	0.000			
MOTIV	-0.010	0.022	-0.011	-0.074	0.077	-0.037	0.104	0.052	0.000		
HARMONY	-0.038	-0.020	-0.023	-0.098	0.016	-0.80	0.003	-0.024	-0.001	0.000	
STAB	0.006	0.009	-0.018	-0.004	0.001	-0.033	0.036	0.008	-0.015	0.046	0.000

Minimum M.I. value for printing the modification index   10.000

	M.I.	E.P.C.	Std E.P.C.	StdYX E.P.C.
BY Statements				
FAMILIAL BY VERBAL	12.110	-0.573	-0.348	-0.349
WITH Statements				
VISUAL WITH VERBAL (0.128)	16.710	0.154	0.154	0.358
MEMORY WITH VISUAL (0.126)	16.591	0.153	0.153	0.357
READING WITH MEMORY (-0.035)	10.501	-0.082	-0.082	-0.395
SPELLING WITH VERBAL (-0.093)	30.839	-0.151	-0.151	-0.564
SPELLING WITH VISUAL (-0.079)	10.255	-0.107	-0.107	-0.296
SPELLING WITH READING (0.052)	43.929	0.163	0.163	0.935

2. 步驟 1-2：選擇最終的測量模型

依上述的步驟以及原則選擇並修正模型，一個原始模型再加上四個修正模型，總共有五個修正模型，模型適配情形如表 3-2 所述。

表 3-2：模型修正的比較一覽表

	Model	χ^2	df	CFI	RMSEA	SRMR
1	Original Modified Model	148.01	41	0.909	0.129	0.052
2	Visual with verbal	130.66	40	0.922	0.120	0.051
3	Memory with visual	106.93	39	0.942	0.105	0.048
4	Spelling with reading	81.96	38	0.962	0.086	0.043
5	Reading with verbal	59.69	37	0.981	0.062	0.046

模型 2 主要是以 MI 建議來進行模型的修正，而另一個修改的模型結果如表 3-3 所示。

表 3-3：模型修正中修正理由一覽表

	Model	χ^2	df	CFI	RMSEA	SRMR	修正理由
1	Original Modified Model	148.01	41	0.909	0.129	0.052	
2	Spelling with memory	111.55	40	0.939	0.106	0.047	MI 最大
3	Reading with verbal	87.81	39	0.958	0.089	0.048	Spelling with verbal 最大，但考慮Spelling已與Memory相關，所以選擇次之的 Reading with verbal 模型
4	Visual with verbal	77.49	38	0.966	0.081	0.046	MI 最大
5	Reading with verbal	59.69	37	0.981	0.062	0.046	MI 最大

　　模型 2 主要考慮是 MI 值建議最大（Spelling with memory），而模型 3 雖然 Spelling with verbal 最大，但考慮 Spelling 已與 Memory 有相關，所以選擇次之（MI 值差不多）的 Reading with verbal 模型，模型 4 與模型 5 則依 MI 最大值，到模型 5 只剩卡方值，因人數關係往往容易顯著，其餘的適配性指標都已符合模型適配的標準，因此到模型 5 即終止修正。

　　模型修正除了依參數估計軟體 Mplus 所提供的建議值（MI）之外，尚要考慮其解釋上的合理程度為何來取決，並不是一味地以最大值為考慮的標準，而所有誤差共變數的調整來自於變項的內涵以及實質的理論基礎，最終模型的參數估計程式如下所示。

```
TITLE: A Full Structural Model of Classroom Adjustment
DATA:
    FILE IS mplus_31.dat;
    TYPE IS COVARIANCE;
    NGROUPS = 1;
    NOBSERVATIONS = 158;
```

VARIABLE:

　　NAMES ARE psych ses verbal visual memory reading arith spelling motiv extra harmony stab;

　　USEVARIABLES ARE psych ses verbal visual memory reading arith spelling motiv harmony stab;

ANALYSIS:

　　TYPE IS GENERAL;

　　ESTIMATOR IS ML;

　　ITERATIONS = 1000;

　　CONVERGENCE = 0.00005;

MODEL:

　　familial by psych ses;

　　cogachie by verbal visual memory reading arith spelling;

　　adjust by motiv harmony stab;

　　visual with verbal;　　!! specify error covariances

　　spelling with reading;

　　memory with visual;

　　reading with verbal;

OUTPUT: SAMPSTAT RESIDUAL STANDARDIZED MODINDICES TECH4;

　　輸出結果如下所示，首先呈現的是模型的適配情形，如下述的模型適配情形中可以發現，模式的卡方值為 59.687、自由度 37、$p = 0.0105$ 達顯著，RMSEA = 0.062 < 0.08、CFI = 0.981 > 0.95、TLI = 0.971 > 0.95、SRMR = 0.046 < 0.05，基本上除了卡方值之外，其餘的適配性指標皆達適配的標準，而卡方值極容易受到樣本人數過大而達顯著，因此，此測量的適配情形可達理想的程度。

MODEL FIT INFORMATION

Number of Free Parameters　　　　　　　29

Loglikelihood

　　H0 Value　　　　　　　　　　　　-1878.071

H1 Value	-1848.227

Information Criteria

Akaike (AIC)	3814.141
Bayesian (BIC)	3902.956
Sample-Size Adjusted BIC	3811.158
(n* = (n + 2) / 24)	

Chi-Square Test of Model Fit

Value	59.687
Degrees of Freedom	37
P-Value	0.0105

RMSEA (Root Mean Square Error of Approximation)

Estimate	0.062	
90 Percent C.I.	0.030	0.090
Probability RMSEA <= 0.05	0.230	

CFI/TLI

CFI	0.981
TLI	0.971

Chi-Square Test of Model Fit for the Baseline Model

Value	1224.741
Degrees of Freedom	55
P-Value	0.0000

SRMR (Standardized Root Mean Square Residual)

Value	0.046

至於標準化的參數估計結果則如下所示，並整理成圖 3-12。

STANDARDIZED MODEL RESULTS
STDYX Standardization

	Estimate	S.E.	Est./S.E.	Two-Tailed P-Value
FAMILIAL BY				

PSYCH	0.591	0.078	7.562	0.000
SES	0.710	0.081	8.797	0.000
COGACHIE BY				
VERBAL	0.808	0.032	25.129	0.000
VISUAL	0.601	0.055	10.848	0.000
MEMORY	0.843	0.028	29.773	0.000
READING	0.841	0.027	30.868	0.000
ARITH	0.848	0.028	30.505	0.000
SPELLING	0.832	0.030	28.089	0.000
ADJUST BY				
MOTIV	0.944	0.026	36.290	0.000
HARMONY	0.817	0.034	23.750	0.000
STAB	0.639	0.051	12.426	0.000
FAMILIAL WITH				
COGACHIE	-0.660	0.082	-8.054	0.000
ADJUST	-0.413	0.096	-4.294	0.000
COGACHIE WITH				
ADJUST	0.707	0.049	14.380	0.000
SPELLING WITH				
READING	0.585	0.055	10.568	0.000
READING WITH				
VERBAL	0.340	0.060	5.643	0.000
VISUAL WITH				
VERBAL	0.321	0.065	4.965	0.000
MEMORY WITH				
VISUAL	0.363	0.074	4.910	0.000
Variances				
FAMILIAL	1.000	0.000	999.000	999.000
COGACHIE	1.000	0.000	999.000	999.000
ADJUST	1.000	0.000	999.000	999.000
Residual Variances				
PSYCH	0.650	0.093	7.028	0.000

SES	0.496	0.115	4.324	0.000
VERBAL	0.347	0.052	6.691	0.000
VISUAL	0.638	0.067	9.571	0.000
MEMORY	0.289	0.048	6.043	0.000
READING	0.292	0.046	6.363	0.000
ARITH	0.281	0.047	5.973	0.000
SPELLING	0.307	0.049	6.232	0.000
MOTIV	0.108	0.049	2.200	0.028
HARMONY	0.333	0.056	5.933	0.000
STAB	0.591	0.066	8.995	0.000

R-SQUARE

Observed Variable	Estimate	S.E.	Est./S.E.	Two-Tailed P-Value
PSYCH	0.350	0.093	3.781	0.000
SES	0.504	0.115	4.399	0.000
VERBAL	0.653	0.052	12.565	0.000
VISUAL	0.362	0.067	5.424	0.000
MEMORY	0.711	0.048	14.886	0.000
READING	0.708	0.046	15.434	0.000
ARITH	0.719	0.047	15.253	0.000
SPELLING	0.693	0.049	14.044	0.000
MOTIV	0.892	0.049	18.145	0.000
HARMONY	0.667	0.056	11.875	0.000
STAB	0.409	0.066		

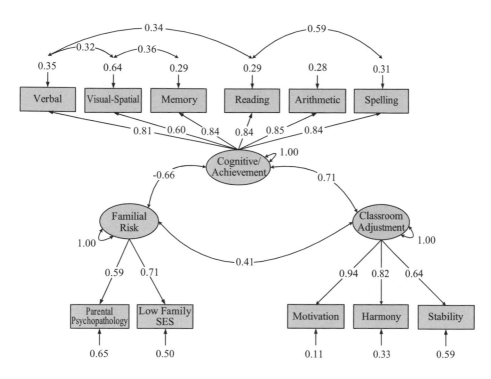

圖 3-12：標準化解的測量模型

3. 步驟 2：評估 SR 模型中的結構元素

上述已完成測量模型中模型適配的評估，接下來要進行的是步驟 2，評估 SR 模型中的結構成分（structural part/component），如圖 3-13 所示。

根據上述的測量模型結果改成結構模型，在評估適配情形中，因為有十一個觀察變項，所以參數估計空間是 $11 \times 12/2 = 66$。其中測量誤差有十一個，相關係數有四個，潛在變項對於觀察變項的負荷量有八個，潛在變項之間的負荷量有二個，潛在變項的變異數有一個，潛在變項的誤差變異有二個，而估計參數有 $11 + 4 + 8 + 2 + 1 + 2 = 28$，所以自由度 $df = 66 - 28 = 38$ 個，符合 t 規則的辨識原則。

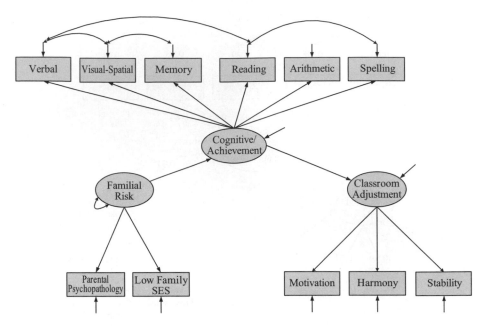

圖 3-13：評估完整結構模型中的結構成分圖

根據上述的結構圖所撰寫的 Mplus 參數估計程式如下所述。

TITLE: A Full Structural Model of Classroom Adjustment
DATA:
    FILE IS mplus_31.dat;
    TYPE IS COVARIANCE;
    NGROUPS = 1;
    NOBSERVATIONS = 158;
VARIABLE:
    NAMES ARE psych ses verbal visual memory reading arith spelling motiv extra harmony stab;
    USEVARIABLES ARE psych ses verbal visual memory reading arith spelling motiv harmony stab;
ANALYSIS:

```
TYPE IS GENERAL;
ESTIMATOR IS ML;
ITERATIONS = 1000;
CONVERGENCE = 0.00005;
MODEL:
    familial by psych ses;
    cogachie by verbal visual memory reading arith spelling;
    adjust by motiv harmony stab;
    !! step 1
    visual with verbal;
    spelling with reading;
    memory with visual;
    reading with verbal;
    !! step 2  specify structural part of full structural model
    cogachie on familial;
    adjust on cogachie;
OUTPUT: SAMPSTAT RESIDUAL STANDARDIZED MODINDICES TECH4;
```

參數估計結果中的適配度指標如下所示，在模型適合度方面，卡方值為 60.225、自由度為 38、p 值為 0.0123，達顯著水準；RMSEA = 0.061 < 0.08、CFI = 0.981 > 0.95、TLI = 0.973 > 0.95、SRMR = 0.046 < 0.05，除卡方值之外，其餘的適配性指標皆達理想的適配情形。

```
MODEL FIT INFORMATION
Number of Free Parameters              28
Loglikelihood
    H0 Value                      -1878.340
    H1 Value                      -1848.227
Information Criteria
    Akaike (AIC)                   3812.679
    Bayesian (BIC)                 3898.432
```

Sample-Size Adjusted BIC	3809.799	
(n* = (n + 2) / 24)		

Chi-Square Test of Model Fit

Value	60.225	
Degrees of Freedom	38	
P-Value	0.0123	

RMSEA (Root Mean Square Error of Approximation)

Estimate	0.061	
90 Percent C.I.	0.029	0.089
Probability RMSEA <= 0.05	0.254	

CFI/TLI

CFI	0.981
TLI	0.973

Chi-Square Test of Model Fit for the Baseline Model

Value	1224.741
Degrees of Freedom	55
P-Value	0.0000

SRMR (Standardized Root Mean Square Residual)

Value	0.046

綜上所述，最終的測量模型中，$\chi^2 = 59.687$、$df = 37$、CFI = 0.981、RMSEA = 0.062、SRMR = 0.046；而其完整的結構模型中，$\chi^2 = 60.225$、$df = 38$、CFI = 0.981、RMSEA = 0.061、SRMR = 0.046，所以依照此二個模型，評估模型中結構部分的適合程度如下，卡方值的差為 0.54，在一個自由度之下，並未達顯著水準，因此以最精簡的測量模型為佳。

$$\chi^2_{dif} = \chi^2_{Full} - \chi^2_{meas} = 60.23 - 59.69 = 0.54$$

$$df_{dif} = df_{Full} - df_{meas} = 38 - 37 = 1$$

至於完整結構模型其參數估計結果標準化解部分如下所示。

STANDARDIZED MODEL RESULTS
STDYX Standardization

	Estimate	S.E.	Est./S.E.	Two-Tailed P-Value
FAMILIAL BY				
PSYCH	0.596	0.078	7.595	0.000
SES	0.705	0.081	8.724	0.000
COGACHIE BY				
VERBAL	0.807	0.032	24.999	0.000
VISUAL	0.601	0.056	10.818	0.000
MEMORY	0.844	0.028	29.784	0.000
READING	0.842	0.027	30.870	0.000
ARITH	0.849	0.028	30.602	0.000
SPELLING	0.833	0.030	28.181	0.000
ADJUST BY				
MOTIV	0.941	0.026	35.979	0.000
HARMONY	0.819	0.034	23.960	0.000
STAB	0.641	0.051	12.489	0.000
COGACHIE ON				
FAMILIAL	-0.654	0.082	-8.001	0.000
ADJUST ON				
COGACHIE	0.705	0.049	14.280	0.000
VISUAL WITH				
VERBAL	0.322	0.065	4.977	0.000
SPELLING WITH				
READING	0.584	0.056	10.494	0.000
MEMORY WITH				
VISUAL	0.363	0.074	4.911	0.000
READING WITH				
VERBAL	0.341	0.060	5.650	0.000
Variances				
FAMILIAL	1.000	0.000	999.000	999.000

Residual Variances

PSYCH	0.645	0.093	6.902	0.000
SES	0.503	0.114	4.415	0.000
VERBAL	0.349	0.052	6.695	0.000
VISUAL	0.639	0.067	9.574	0.000
MEMORY	0.288	0.048	6.025	0.000
READING	0.291	0.046	6.347	0.000
ARITH	0.280	0.047	5.945	0.000
SPELLING	0.306	0.049	6.207	0.000
MOTIV	0.114	0.049	2.309	0.021
HARMONY	0.329	0.056	5.868	0.000
STAB	0.589	0.066	8.949	0.000
COGACHIE	0.572	0.107	5.341	0.000
ADJUST	0.504	0.070	7.243	0.000

　　依上述標準化解之參數估計結果，繪製完整結構模型之最終模型圖如圖 3-14 所示。

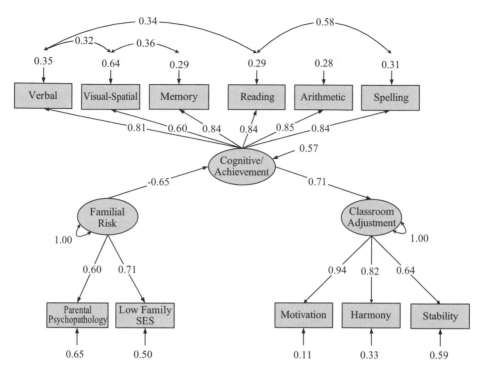

圖 3-14：完整結構模型的最終模型圖

二、完整結構模型適合度檢定的另一種方法

另一種四個步驟的取向（Mulaik & Millsap, 2000），簡述如下。

步驟 1：評估 EFA 模式，每個因素中所有指標的負荷量，在研究者另一個假設模式中需要保持一致。

步驟 2：評估具有測量模型的 CFA 模式，猶如在二步驟中時（當適合度不佳時）。

步驟 3：取代至少一個未分析的組合（例如：相關），在因素之間具有直接效果，換句話說，即檢定所有可能的完整結構模型。

步驟 4：檢定是否路徑的一開始是開放到限制，利用 0 或者是相等的

限制，而這種方法可能會產生更簡潔的模型。

三、結論

由上文所知，兩種檢定完整結構模型適配情形的方法，第一種為Anderson與Gerbing於1988年提出的二步驟取向的適合度檢定；第二種為Mulaik與Millsap於2000年提出的四步驟取向。

其中 Anderson 與 Gerbing（1988）建議可以利用二步驟的取向來探討完整結構模型的模型適合度。其中第一個步驟即是評估測量模型是否適配，假如測量模型適配，逕行到步驟 2。假如測量模型不適配，修正測量模型後，再到第二個步驟，而第二個步驟即是評估結構成分的適配程度，計算SR模型與測量模型是否適配，假如適配，則參數估計可以停止。假如不適配，修正結構成分。

Mulaik 與 Millsap（2000）提出的四步驟取向，第一個步驟為評估 EFA模式，每個因素中所有指標的負荷量，在研究者另一個假設模式中需要保持一致；第二個步驟為評估具有測量模式的 CFA 模式，猶如在二步驟中時（當適合度不佳時）；第三個步驟則是取代至少一個未分析的組合（例如：相關），在因素之間具有直接效果，換句話說，即檢定所有可能的完整結構模型；最後一個步驟即是檢定是否路徑的一開始是開放到限制，利用 0或者是相等的限制，而這種方法可能會產生更簡潔的模型，這兩種方法皆可供讀者在完整結構模型需要檢定其適合度時使用。

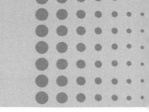

CHAPTER
4

多樣本分析

多樣本的結構方程模式分析主要包括二個部分。第一部分為路徑分析，而另一部分則為驗證性因素分析的多樣本分析。

4.1
多樣本 SEM 分析的目的

假設研究者蒐集資料使用相同的變數，但包含不同的樣本（例如：男生、女生），並且從整理的樣本中，同樣發現適配程度相當好的模式。此時，一個後續的可能問題即會發生，亦即在跨樣本之中，模式的參數是否變化得很大？或者，不同樣本和這模式的相關特性為何？樣本成分中介（干擾）模型的特性為何？因此研究者可以在二或多個不同樣本中，利用相同的模型估計，並比較跨樣本的結果來回答上述多樣本群體的問題，利用多樣本的分析方法同時估計不同的樣本在相同模型中結果的異同。除此之外，多樣本（multiple sample）和多群組（multiple group）分析亦可以回答試題差異訊息（difference item function, DIF）的相關問題。

4.2
多樣本分析的步驟

多樣本分析的主要意涵可以下面的例子來加以說明，假設初始模式中的模型 1（Model 1）如下所示。

Male $\rightarrow \hat{y} = b_0 + b_1 x_1$

Female $\rightarrow \hat{y} = b_0 + b_2 x_1$

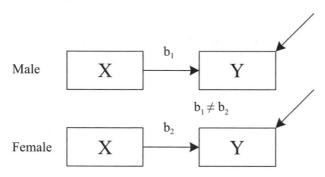

上述多樣本的資料中，虛無假設可以設定如 $H_0 : b_1 \neq b_2$，而多樣本的分析可以從未限制模型（unconstrained model）開始進行，這種未做任何限制的模型也可以稱為是一個複雜模型（complex model）。

另外模型 2（Model 2）可以表示如下。

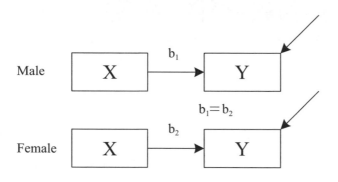

模型 2 的虛無假設可以如 $H_0 : b_1 = b_2$，從限制模型（constrained model）中來加以限制 $b_1 = b_2$，限制模型是一種簡單模型（simple model），亦可以說簡單模型是模式內套於複雜模型中。

假設模型 1（未限制，複雜）的 $\chi^2 = 8$，模型 2（限制，簡單）的 $\chi^2 = 10$、$\Delta \chi^2 = 2$、$\Delta df = 1$，查表之後可以得知未達顯著水準，亦即簡單模型

與複雜模型相同，此時，因為複雜與簡單模型並未有所差異，所以選擇簡單模型則比較適當。

　　若在迴歸中可以利用 $\hat{y} = b_0 + b_1 x_1 + b_2 G + b_3 G x_1$（$G = 0,1$），即可以知道這二個群組是否有差異，此種方式即是利用迴歸中的虛擬變項（dummy codding）。為了進行多樣本的SEM，首先未限制模型（假設所有的參數跨樣本之間都是不相等的）必須要適配這個資料（模型）。假如未限制模型適配情形良好，每個樣本可以從跨組相等的限制進行比較，一個跨群組相等限制是以非標準化的參數估計解在所有樣本中的比較為主，因此群組的差異在任何個別或者整組的參數都需要被考驗。例如：$b_1 = r \dfrac{S_y}{S_x}$，可以限制 x 與 y 的標準差來比較二組是否相等，但若是標準化解則無法去限制它 $\beta = r$，卡方差異性的考驗主要是以複雜模型（未限制模型）與簡單模型（限制模型）來比較，限制模型（簡單模型）其卡方值較大、自由度較大、適配度較差，而未限制模型（複雜模型）其卡方值較小、自由度較小、適配度較好，但若沒有顯著，代表限制模型與未限制模型相同，所以會選擇限制模型（簡單模型），亦即卡方值較大的模式（自由度較大）的模型，若有顯著，代表限制模型與未限制模型不同，所以當然會選擇適配性較好的未限制模型（複雜模型），因此，卡方值差異性的考驗可以用來選擇判斷模式。

　　假如限制模型（簡單模型）沒有比未限制模型還差的話（適配情形差不多），可以做成的結論是這簡單模型與未限制模型是相等的。假如限制模型比未限制性模型還差，可以做成的結論是這簡單模型與複雜模型是不相等的。

　　特別注意的是參數相等的限制是在非標準化解，基本上，樣本有非常不同的變異情形時，非標準化解與標準化解是不相同的。因此，它若以標準化解來進行比較會是不恰當的（除非在跨樣本的變異是相等的假設已經被證實）。在相同的理由之下，共變數矩陣（假設平均數結構是包括在模型之中）或者原始資料是可以被分析的。若是需要處理缺失值的資料，則必須要以原始資料來分析才行。另外，相對應變項需要有相等變異情形的

假設，這部分在模型的分析中是需要被確認的。

4.3
路徑分析的範例

以下的資料來源是 Lynam、Moffitt 與 Stouthamer-Loeber（1993）所蒐集的青少年樣本〔非裔美國人（$n = 214$）與白人的男性青少年〕。所蒐集到測量的變項包括 Social Class（家庭社會等級）、Motivation（動機）、Verbal Ability（字彙能力）、Achievement（學業成就）和 Delinquency（拖延的態度），變數之間的相關情形如表 4-1 所示，以下將以這個例子來說明結構方程模式的多樣本分析。

表 4-1 中這二對相關係數其實差異還滿大的，因為平均數結構（mean structure）並不是此路徑模式的重點，所以研究假設中不用將平均數考慮在內。

表 4-1：觀察變項之相關係數一覽表

Variable	Social Class	Motivation	Verbal Ability	Achievement	Delinquency	African American SD
Social Class	1.00	0.08	0.28	0.05	-0.11	10.58
Motivation	0.25	1.00	0.30	0.21	-0.17	1.35
Verbal Ability	0.37	0.40	1.00	0.50	-0.26	13.62
Achievement	0.27	0.28	0.61	1.00	-0.33	0.79
Delinquency	-0.11	-0.20	-0.31	-0.21	1.00	1.63
White SD	11.53	1.32	16.32	0.96	1.45	

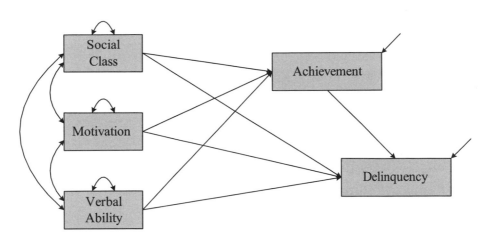

圖 4-1：影響學業成就與拖延因素之路徑圖

　　圖 4-1 為影響學業成就與拖延因素的路徑示意圖，在這個範例中，資料輸入的格式是以相關係數矩陣和每個變項的標準差來作為分析的資料，所安排的格式是以下面白人群組與非裔美國人群組的相關係數以及標準差資料來當作分析資料的格式。

標準差，相關係數					群組
11.53	1.32	16.32	0.96	1.45	白人群組
1.00					
0.25	1.00				
0.37	0.40	1.00			
0.27	0.28	0.61	1.00		
-0.11	-0.20	-0.31	-0.21	1.00	
10.58	1.35	13.62	0.79	1.63	非裔美國人群組
1.00					
0.08	1.00				
0.28	0.30	1.00			
0.05	0.21	0.50	1.00		
-0.11	-0.17	-0.26	-0.33	1.00	

　　多樣本分析中，首先計算完全沒有限制任何條件的模式，資料檔名為 mplus_41.dat，這是一個相關係數以及標準差的摘要資料，分別有二個群組，一個為白人群組，另外一個則為非裔美國人群組，以下則為分析的程式。

DATA:
　　FILE IS "mplus_41.dat";
　　TYPE IS CORRELATION STDEVIATIONS;
　　NGROUPS = 2;
　　NOBSERVATIONS = 181 214;
VARIABLE:
　　NAMES ARE social motiv verbal achiev delinq;
　　USEVARIABLES ARE social motiv verbal achiev delinq;
MODEL:
　　achiev on social motiv verbal;
　　delinq on social motiv verbal achiev;
OUTPUT: SAMPSTAT RESIDUAL STDYX MODINDICES;

　　由上述的程式中可以知道，在結構方程式中的多樣本分析，其資料的格式若是以摘要的方式來當做分析的資料時，需要在 NGROUPS 中指定所要分析的群組個數，本範例總共有二個群組，分別是白人與非裔美國人群組，因此 NGROUPS＝2；另外也需要說明各個群組的人數，本範例白人是 181 位，而非裔美國人群組則為 214，所以 NOBSERVATIONS = 181 214，其餘部分則與單一群組並無不同，以下則為分析結果中模式的適配情形。

MODEL FIT INFORMATION
Number of Free Parameters　　　　　　18
Loglikelihood
　　H0 Value　　　　　　　　　　　-1132.729
　　H1 Value　　　　　　　　　　　-1132.729

Information Criteria

Akaike (AIC)	2301.458	
Bayesian (BIC)	2373.078	
Sample-Size Adjusted BIC	2315.964	
(n* = (n + 2) / 24)		

Chi-Square Test of Model Fit

Value	0.000
Degrees of Freedom	0
P-Value	0.0000

Chi-Square Contributions From Each Group

G1	0.000
G2	0.000

RMSEA (Root Mean Square Error of Approximation)

Estimate	0.000	
90 Percent C.I.	0.000	0.000
Probability RMSEA <= 0.05	0.000	

CFI/TLI

CFI	1.000
TLI	1.000

Chi-Square Test of Model Fit for the Baseline Model

Value	200.406
Degrees of Freedom	14
P-Value	0.0000

SRMR (Standardized Root Mean Square Residual)

Value	0.000

　　在模式的適配情形中，自由度為 0，代表完全適配，一般來說多群組的比較在第一個步驟中若各組的適配情形不佳，就不用再繼續進行多群組簡單模型（限制模型）的分析了，所以參考模組（基本）的模式通常都會讓它是剛好適配，這時它的自由度是 0，所以卡方值也是 0，那就一定會適配，會找到解，所以這是一個需要注意的情形。

以第一個模型來說，它是一個遞迴模式，也是恰好辨識的模式，自由度為 0，而且所有的自變項兩兩之間都有關，自變項與依變項之間都有因果關係。

接續上述的分析，目前要呈現的是非標準化的估計結果，由此來加以判斷這二個群組是否是一個相等的群組。

由圖 4-2 的分析結果可以得知，各組呈現適配的情況，可以繼續進行多群組的比較分析。下面將進行跨組之間相等限制（cross-group equality constraints）的多樣本分析，一般來說，研究者是考慮到直接效果上的相等限制來進行多樣本分析，亦即將圖 4-3 中的負荷量在二個群組之間限制為相同。

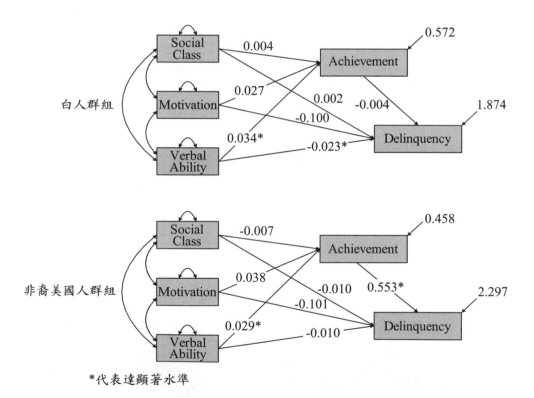

圖 4-2：白人群組以及非裔美國人群組模式估計參數結果圖

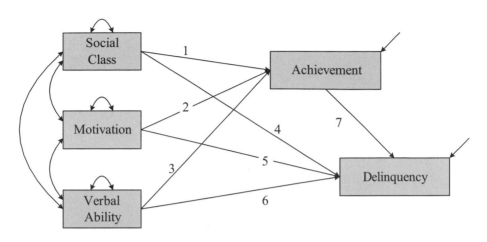

圖 4-3：多樣本負荷量限制相等示意圖

　　以下的程式為將這二個不同群組在各個潛在因素之間的負荷量估計限制為相同。

```
TITLE: Multiple Sample Path Model
DATA:
    FILE IS "mplus_41.dat";
    TYPE IS CORRELATION STDEVIATIONS;
    NGROUPS = 2;
    NOBSERVATIONS = 181 214;
VARIABLE:
    NAMES ARE social motiv verbal achiev delinq;
    USEVARIABLES ARE social motiv verbal achiev delinq;
ANALYSIS:
    TYPE IS GENERAL;
    ESTIMATOR IS ML;
    ITERATIONS = 1000;
    CONVERGENCE = 0.00005;
```

```
MODEL:
    achiev on social(1)
    motiv(2)
    verbal(3);
    delinq on social(4)
    motiv(5)
    verbal(6)
    achiev(7);
OUTPUT: RESIDUAL STDYX MODINDICES(3.84);
```

上述 Mplus 的分析範例中，MODEL 的那一個段落即是將這個因素負荷量限制為相同的寫法。

```
achiev on social(1)
motiv(2)
verbal(3);
delinq on social(4)
motiv(5)
verbal(6)
achiev(7);
```

而以下則為將二個不同群組的模型中，因素負荷量限制為相同的分析結果，首先呈現模型適配的分析結果。

```
MODEL FIT INFORMATION
Number of Free Parameters              11
Loglikelihood
    H0 Value                      -1138.597
    H1 Value                      -1132.729
Information Criteria
    Akaike (AIC)                   2299.194
```

Bayesian (BIC)   2342.962

Sample-Size Adjusted BIC   2308.059

  (n* = (n + 2) / 24)

Chi-Square Test of Model Fit

Value   11.736

Degrees of Freedom   7

P-Value   0.1096

Chi-Square Contributions From Each Group

G1   5.280

G2   6.456

RMSEA (Root Mean Square Error of Approximation)

Estimate   0.059

90 Percent C.I.   0.000   0.115

Probability RMSEA <= 0.05   0.348

CFI/TLI

CFI   0.975

TLI   0.949

Chi-Square Test of Model Fit for the Baseline Model

Value   200.406

Degrees of Freedom   14

P-Value   0.0000

SRMR (Standardized Root Mean Square Residual)

Value   0.041

在模型的適配情形中，卡方值為二個群組卡方值的和，亦即 11.736 ＝
5.280（白人）＋ 6.456（非裔美國人），而自由度為 7，也是因為在二個群
組中限制了七個參數（因素負荷量）需要相等的估計，所以就多了七個自
由度，此時二個群組非標準化解的輸出結果如下所示。

MODEL RESULTS

	Estimate	S.E.	Two-Tailed Est./S.E.	P-Value			Estimate	S.E.	Two-Tailed Est./S.E.	P-Value
Group G1						**Group G2**				
ACHIEV ON						ACHIEV ON				
SOCIAL	-0.002	0.003	-0.688	0.491		SOCIAL	-0.002	0.003	-0.688	0.491
MOTIV	0.037	0.029	1.302	0.193		MOTIV	0.037	0.029	1.302	0.193
VERBAL	0.032	0.003	11.719	0.000		VERBAL	0.032	0.003	11.719	0.000
DELINQ ON						DELINQ ON				
SOCIAL	-0.002	0.007	-0.278	0.781		SOCIAL	-0.002	0.007	-0.278	0.781
MOTIV	-0.101	0.059	-1.708	0.088		MOTIV	-0.101	0.059	-1.708	0.088
VERBAL	-0.017	0.006	-2.668	0.008		VERBAL	-0.017	0.006	-2.668	0.008
ACHIEV	-0.255	0.101	-2.515	0.012		ACHIEV	-0.255	0.101	-2.515	0.012
Residual Variances						Residual Variances				
ACHIEV	0.580	0.061	9.513	0.000		ACHIEV	0.463	0.045	10.344	0.000
DELINQ	1.904	0.200	9.513	0.000		DELINQ	2.344	0.227	10.344	0.000

由上述二個群組參數估計結果的比較中可以發現，這二個群組在負荷量上的參數估計值是相同的，七個因素負荷量分別是 -0.002、0.037、0.032、-0.002、-0.101、-0.017、-0.255。但因為二個群組的殘差未限制相等，所以在這個模型中二個群組的殘差並未相等，分別是白人群組（G1）ACHIEV 的殘差變異為 0.580，DELINQ 的殘差變異為 1.904；而非裔美國人群組（G2）其 ACHIEV 的殘差變異為 0.463，而 DELINQ 的殘差變異為 2.344。以下所呈現的則為標準化解的輸出結果。

STDYX Standardization

	Estimate	S.E.	Est./S.E.	Two-Tailed P-Value		Estimate	S.E.	Est./S.E.	Two-Tailed P-Value
Group G1					Group G2				
ACHIEV ON					ACHIEV ON				
SOCIAL	-0.030	0.043	-0.688	0.492	SOCIAL	-0.031	0.045	-0.689	0.491
MOTIV	0.053	0.041	1.300	0.193	MOTIV	0.062	0.048	1.302	0.193
VERBAL	0.558	0.046	12.144	0.000	VERBAL	0.532	0.044	12.184	0.000
DELINQ ON					DELINQ ON				
SOCIAL	-0.015	0.055	-0.278	0.781	SOCIAL	-0.013	0.047	-0.278	0.781
MOTIV	-0.090	0.053	-1.707	0.088	MOTIV	-0.085	0.050	-1.708	0.088
VERBAL	-0.186	0.069	-2.680	0.007	VERBAL	-0.144	0.054	-2.658	0.008
ACHIEV	-0.160	0.063	-2.524	0.012	ACHIEV	-0.130	0.052	-2.514	0.012
Residual Variances					Residual Variances				
ACHIEV	0.674	0.046	14.545	0.000	ACHIEV	0.702	0.042	16.527	0.000
DELINQ	0.873	0.037	23.638	0.000	DELINQ	0.921	0.024	38.593	0.000

R-SQUARE

Group G1 Observed Variable	Estimate	S.E.	Est./S.E.	Two-Tailed P-Value	Group G2 Observed Variable	Estimate	S.E.	Est./S.E.	Two-Tailed P-Value
ACHIEV	0.326	0.046	7.024	0.000	ACHIEV	0.298	0.042	7.024	0.000
DELINQ	0.127	0.037	3.448	0.001	DELINQ	0.079	0.024	3.311	0.001

評估以上七個參數估計限制相等的模型適配情形，未限制模型與限制模型是互相巢套的結果，亦即簡單的限制模型巢套於複雜的未限制模型。因此，卡方差異檢定可決定限制模型（簡單）適配的顯著性是否比未限制（複雜）模型還要差，卡方值比較結果如下所示。

$$\chi^2_{dif} = \chi^2_{constrained} - \chi^2_{unconstrained} = 11.736$$

$$df_{dif} = df_{constrained} - df_{unconstrained} = 7$$

此時利用EXCEL中的CHIINV()函數計算卡方值的臨界值，亦即Chiinv (0.05,7) = 14.06714，因為 11.736 未大於 14.06714，所以未達顯著水準（$p <$ 0.05），亦即限制模型與未限制模型是屬於相同的模式，所以較簡潔的限制模型為較佳的模式。其實這與上面的分析情形是一致的，想想這七個參數完全是由於限制模型而來的，原來的未限制模型（複雜）的自由度為 0，所以若限制模型的適配情形良好的話，不就代表限制模型一定比未限制模型還要好嗎？（限制模型的卡方值是 11.736，自由度為 7，$p = 0.1096 >$ 0.05。）下述為本模式參數估計結果中，修正指標的建議值。

Minimum M.I. value for printing the modification index 3.840

	M.I.	E.P.C.	Std E.P.C.	StdYX E.P.C.
Group G1				
ON Statements				
DELINQ ON ACHIEV	5.481	0.173	0.173	0.108
WITH Statements				
DELINQ WITH ACHIEV	6.013	0.291	0.291	0.277
Group G2				
ON Statements				
ACHIEV ON DELINQ	4.189	-0.080	-0.080	-0.157
DELINQ ON ACHIEV	5.480	-0.225	-0.225	-0.115
WITH Statements				
DELINQ WITH ACHIEV	6.012	-0.232	-0.232	-0.223

上述報表中的MI值的最下限 3.840 是一個自由度卡方值的臨界值，大於它才顯示並建議修改路徑，而這個下限值是可以由分析者自行在程式中加以設定。

接下來針對白人群組（G1）的殘差共變數矩陣來加以評估。

Residuals for Covariances/Correlations/Residual Correlations

	ACHIEV	DELINQ	SOCIAL	MOTIV	VERBAL
ACHIEV	0.056				
DELINQ	0.111	-0.091			
SOCIAL	0.945	0.499	0.000		
MOTIV	0.025	0.030	0.000	0.000	
VERBAL	0.927	0.367	0.000	0.000	0.000

以下為非裔美國人群組（G2）的殘差共變數矩陣。

Residuals for Covariances/Correlations/Residual Correlations

	ACHIEV	DELINQ	SOCIAL	MOTIV	VERBAL
ACHIEV	-0.038				
DELINQ	-0.128	0.099			
SOCIAL	-0.637	-0.608	0.000		
MOTIV	-0.017	-0.033	0.000	0.000	
VERBAL	-0.625	-0.468	0.000	0.000	0.000

　　根據上述的分析結果，將模式的參數估計修正放寬為這二個群組只有六個負荷量相等，有一個負荷量在這二個群組中是開放參數估計，如圖 4-4 所示。

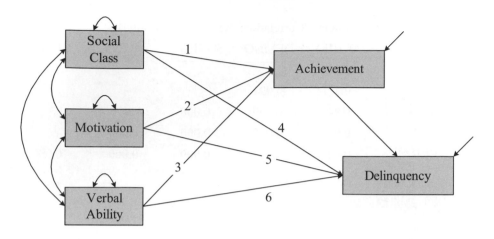

圖 4-4：多樣本參數限制相等模式

利用 Mplus 將一個參數估計開放後的分析程式如下所示。

TITLE: Multiple Sample Path Model
DATA:
   FILE IS "mplus_41.dat";
   TYPE IS CORRELATION STDEVIATIONS;
   NGROUPS = 2;
   NOBSERVATIONS = 181 214;
VARIABLE:
   NAMES ARE social motiv verbal achiev delinq;
   USEVARIABLES ARE social motiv verbal achiev delinq;
ANALYSIS:
   TYPE IS GENERAL;
   ESTIMATOR IS ML;
   ITERATIONS = 1000;
   CONVERGENCE = 0.00005;
MODEL:
   achiev on social(1)
   motiv(2)

```
verbal(3);
delinq on social(4)
motiv(5)
verbal(6)
achiev;
```
OUTPUT: RESIDUAL STDYX MODINDICES(3.84);

由上述的程式碼中可以發現，將二個群組 deling on achiev 自由估計，並未限制相等，以下為模型適配分析結果。

MODEL FIT INFORMATION

Number of Free Parameters   12

Loglikelihood

    H0 Value   -1135.783

    H1 Value   -1132.729

Information Criteria

    Akaike (AIC)   2295.566

    Bayesian (BIC)   2343.312

    Sample-Size Adjusted BIC   2305.236

     ($n^* = (n + 2) / 24$)

Chi-Square Test of Model Fit

    Value   6.107

    Degrees of Freedom   6

    P-Value   0.4113

Chi-Square Contributions from Each Group

    G1   3.118

    G2   2.989

RMSEA (Root Mean Square Error of Approximation)

    Estimate   0.010

    90 Percent C.I.   0.000   0.093

    Probability RMSEA <= 0.05   0.682

CFI/TLI

CFI	0.999
TLI	0.999

Chi-Square Test of Model Fit for the Baseline Model

Value	200.406
Degrees of Freedom	14
P-Value	0.0000

SRMR (Standardized Root Mean Square Residual)

Value	0.034

上述的適配情形結果中，自由度由 7 降為 6 即為少掉剛剛釋放的一個 delinq on achiev，其適配情形，卡方值 = 6.107、自由度 6，p 值為 0.4113 > 0.05，而 RMSEA = 0.010 < 0.08、CFI = 0.999 > 0.95、TLI = 0.999 > 0.95、SRMR = 0.034 < 0.05，表示在此多樣本下此一限制模型其適配情形相當理想，而以下為參數估計的結果。

MODEL RESULTS

Two-Tailed

	Estimate	S.E.	Est./S.E.	P-Value		Estimate	S.E.	Est./S.E.	P-Value
Group G1					Group G2				
ACHIEV ON					ACHIEV ON				
SOCIAL	-0.002	0.003	-0.688	0.491	SOCIAL	-0.002	0.003	-0.688	0.491
MOTIV	0.037	0.029	1.302	0.193	MOTIV	0.037	0.029	1.302	0.193
VERBAL	0.032	0.003	11.719	0.000	VERBAL	0.032	0.003	11.719	0.000
DELINQ ON					DELINQ ON				
SOCIAL	-0.003	0.007	-0.494	0.621	SOCIAL	-0.003	0.007	-0.494	0.621
MOTIV	-0.099	0.059	-1.688	0.091	MOTIV	-0.099	0.059	-1.688	0.091
VERBAL	-0.017	0.006	-2.768	0.006	VERBAL	-0.017	0.006	-2.768	0.006
ACHIEV	-0.087	0.125	-0.700	0.484	ACHIEV	-0.493	0.139	-3.555	0.000
Residual Variances					Residual Variances				
ACHIEV	0.580	0.061	9.513	0.000	ACHIEV	0.463	0.045	10.344	0.000
DELINQ	1.881	0.198	9.513	0.000	DELINQ	2.306	0.223	10.344	0.000

表 4-2：選擇最終模式的參數一覽表

Model	Chi-Square	df	CFI	RMSEA	SRMR
1. Unconstrained Model	0	0	1.00	0.000	0.000
				(0.000-0.000)	
2. Constrained Model	11.736	7	0.975	0.059	0.041
				(0.000-0.115)	
3. Modified Constrained Model	6.107	6	0.999	0.010	0.034
				(0.000-0.093)	

　　最後在模式的選擇上，比較三個模式的參數，何為本範例選擇的最終模式？

　　由表 4-2 的資料可以發現，由模式 1 與模式 2 相較，$\Delta df = 7$、$\Delta\chi^2 = 11.736$、$p > 0.05$，所以選擇精簡的 constrained model，而由模式 1 與模式 3 相較，$\Delta df = 6$、$\Delta\chi^2 = 6.107$、$p > 0.05$，所以選擇精簡的 modified constrained model，至於從模式 2 與模式 3 相較後，因為模式 3 是模式 2 修正而來，所以應該選擇的最終模式應為模式 3。理論上，在多樣本的模式估計中，需要盡可能去限制其他的參數相等（例如：共變數），限制這個干擾變項變異數相等，提供了模式在跨群組上解釋比較的檢定力，限制觀察自變項的變異數，提供了組別差異檢定的變異性。然而，並非所有的限制都是易於實施的，以下的步驟即為進行限制不同組別之間的變異數相等的參數估計。

```
TITLE: Multiple Sample Path Model
DATA:
    FILE IS "mplus_41.dat";
    TYPE IS CORRELATION STDEVIATIONS;
    NGROUPS = 2;
    NOBSERVATIONS = 181 214;
```

```
VARIABLE:
    NAMES ARE social motiv verbal achiev delinq;
    USEVARIABLES ARE social motiv verbal achiev delinq;
ANALYSIS:
    TYPE IS GENERAL;
    ESTIMATOR IS ML;
    ITERATIONS = 1000;
    CONVERGENCE = 0.00005;
MODEL:
    achiev on social(1)
    motiv(2)
    verbal(3);
    delinq on social(4)
    motiv(5)
    verbal(6)
    achiev(7)
    achiev(8)
    delinq(9);
OUTPUT: RESIDUAL STDYX MODINDICES(3.84);
```

上述的 Mplus 程式中的 achiev(8)及 delinq(9)即是將二個不同群組之間的 achive 以及 delinq 的變項限制為估計參數相同，而以下即為當限制二個群組之間變異數相等時的模式適配情形。

```
MODEL FIT INFORMATION
Number of Free Parameters              9
Loglikelihood
    H0 Value                       -1140.846
    H1 Value                       -1132.729
Information Criteria
    Akaike (AIC)                    2299.691
```

Bayesian (BIC)   2335.501

Sample-Size Adjusted BIC   2306.944

  (n* = (n + 2) / 24)

Chi-Square Test of Model Fit

Value   16.233

Degrees of Freedom   9

P-Value   0.0622

Chi-Square Contributions from Each Group

G1   7.902

G2   8.331

RMSEA (Root Mean Square Error of Approximation)

Estimate   0.064

90 Percent C.I.   0.000   0.113

Probability RMSEA <= 0.05   0.282

CFI/TLI

CFI   0.961

TLI   0.940

Chi-Square Test of Model Fit for the Baseline Model

Value   200.406

Degrees of Freedom   14

P-Value   0.0000

SRMR (Standardized Root Mean Square Residual)

Value   0.062

　　由上述可知,將二個群組的變異數限制相等時,模式的適配仍舊理想(卡方值 = 16.233、自由度 = 9、p = 0.0622、RMSEA = 0.064、CFI = 0.961、TLI = 0.940、SRMR = 0.062)。以下嘗試將平均數的參數估計亦設定為相等,Mplus 的參數估計程式如下所示。

TITLE: Multiple Sample Path Model
DATA:
  FILE IS "mplus_41.dat";
  TYPE IS CORRELATION STDEVIATIONS;
  NGROUPS = 2;
  NOBSERVATIONS = 181 214;
VARIABLE:
  NAMES ARE social motiv verbal achiev delinq;
  USEVARIABLES ARE social motiv verbal achiev delinq;
ANALYSIS:
  TYPE IS GENERAL;
  ESTIMATOR IS ML;
  ITERATIONS = 1000;
  CONVERGENCE = 0.00005;
MODEL:
  achiev on social(1)
  motiv(2)
  verbal(3);
  delinq on social(4)
  motiv(5)
  verbal(6)
  achiev(7)
  achiev(8)
  delinq(9)
  social(10)
  motiv(11)
  verbal(12);
OUTPUT: RESIDUAL STDYX MODINDICES(3.84);

上述程式中的 social(10)、motiv(11)、verbal(12) 即是將二個群組的平均
數參數估計亦設定相等，以下為將相關設定為相等的程式。

TITLE: Multiple Sample Path Model

DATA:

    FILE IS "mplus_41.dat";

    TYPE IS CORRELATION STDEVIATIONS;

    NGROUPS = 2;

    NOBSERVATIONS = 181 214;

VARIABLE:

    NAMES ARE social motiv verbal achiev delinq;

    USEVARIABLES ARE social motiv verbal achiev delinq;

ANALYSIS:

    TYPE IS GENERAL;

    ESTIMATOR IS ML;

    ITERATIONS = 1000;

    CONVERGENCE = 0.00005;

MODEL:

    achiev on social(1)

    motiv(2)

    verbal(3);

    delinq on social(4)

    motiv(5)

    verbal(6)

    achiev(7)

    achiev(8)

    delinq(9)

    social(10)

    motiv(11)

    verbal(12);

    social with motiv(13);

    social with verbal(14);

    motiv with verbal(15);

OUTPUT: RESIDUAL STDYX MODINDICES(3.84);

上述程式中的 social with motiv(13)、social with verbal(14)、motiv with verbal(15) 等三行即是將二個群組的相關設定為相等的估計。此時所有都限制相同，所以連標準化解都會相同，若將所有的報表列出來比較即可得知。

4.4
多樣本的驗證性因素分析

多樣本CFA考慮的是測量的不變性（measurement invariance），因此，不同群組之間的預測變項在相同結構（測量模型）的相等情形如何，是多群組中結構方程模式分析所要關心的議題（Kline, 2011）。假如一個測量在不同的群組之間有不同的表現情形，此時這個測量就稱為有建構上的偏差（bias）。在這個情形之下，導致群組的成員干擾（中介）在 CFA 模式中預測變項與因素之間的關係。當進行多群組的路徑模式時，測量的恆等性〔不變性（invariance）〕可以經由未限制的 CFA 模式（完整）與限制的 CFA 模式（簡單）在卡方差異性檢定的結果如何來加以決定是否有測量恆等的情形或不是。

4.5
多群組 CFA 中的量尺化

在一個簡單一階的 CFA 模式中，於 ULI（unit loading identification，以一個觀察變項為量尺的單位）或者 UVI（unit variance identification，將因素的變異數標準化設定為 1）二者中擇一當做是因素量尺單位的選擇策略。UVI 將因素的變異數設定為 1，因此，這個因素就是標準化了。這樣的假設是認為群組在因素中是一個相等的變項。假如群組的變項在因素中非常的不同，這個模式的估計會導致不正確的結果。因此建議在CFA因素單位的量尺上，固定非標準化的負荷量為 1，在每個因素中以一個預測變項為單位（ULI）。但是要確定在每個群組（樣本）中所固定的預測變項是相

同的，亦即若以男女二個群組來說，男生的第一個因素是以第三個預測變項為單位的量尺，而女生這個群組在第一個因素上量尺單位的選擇也要以第三個預測變項為單位的量尺，以免造成單位不一致的情形發生。

4.6
ULI 與 UVI 在多群組 CFA

因此，因素的變異性在每個群組是開放估計（freely estimated）。然而，有個潛在性的問題產生，ULI 將所有樣本中的因素負荷量固定為 1 時，會因為它是常數而造成無法進行群組差異的考驗，因此，必須事先進行假設，假設所有群組中的預測指標必須相當地好。而這潛在性的問題在 UVI 的應用上也會出現類似的情形。處理這個潛在問題（困境）的方法，可以去重新分析模式，固定這個負荷量在其他的預測變項為 1 時，檢查新的參數與原來的估計模式是否是可以比較（適合）的。亦即原來設定第三個預測變項為量尺後，再以其他預測變項（例如第二個）為新的量尺單位，再重新分析，評估新的參數估計結果與原來以第三個預測變項為量尺的估計結果是否是適合的、可比較的。

4.7
多樣本的驗證性因素分析

與多群組的路徑分析模式比較，多群組的路徑分析主要考慮的是直接效果，而多群組的 CFA 則是考慮因素負荷量的不變性，亦即測量恆等（測量不變性），因素的負荷量類似路徑分析的直接效果。在心理計量中，跨群組中因素的平均數和預測變項的截距考驗是否相等也是研究者感興趣的議題。為了要考驗這些關係，共變數矩陣（covariance matrix）和平均結構（mean structure）是需要被考量的。

結構方程模式中只有在考慮到共變數結構時，才需要考慮測量的不變

性，並且必須從最少到最多的項目限制都要考慮在內。例如在考慮最少的限制下，跨群組中因素負荷量、誤差變異、因素變異與共變數等都開放估計；接下來可以將跨群組中的因素負荷量限制相等，至於誤差變異、因素變異與共變數則開放估計；最嚴格的限制則是將因素負荷量、誤差變異、因素變異與共變數在跨群組中都限制相等。

CFA 主要的參數有因素負荷量（loading）、測量誤差（measurement error）、因素變異數／共變數（variance/covariance）等三大類，由圖 4-5 中可以得知其相關的位置。

在多樣本的驗證性因素分析中，測量恆等主要有以下幾種情形。

（0）：各群組的參數分別估計，完全不加以限制的模型（unconstraint model）。

（1）：因素負荷恆等（loading equivalent），亦即為量尺恆等（metrics invariance），這是最基本／寬鬆的恆等模式。

（2）：測量誤差以及負荷量恆等（measurement error and loading equivalent），此時的 R^2 會相等，亦即群組的信度會相等。

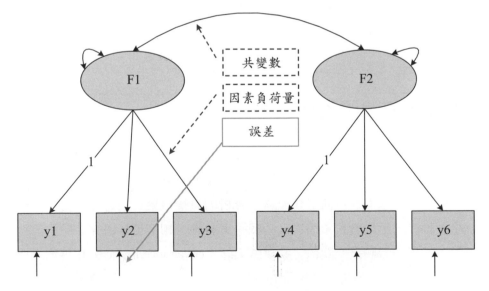

圖 4-5：測量模型概念圖

（3）：因素變異／共變（factor variance/covariance）、測量誤差（measurement error）以及因素負荷（loading）恆等，此時稱為因素型態的恆等（congifural invariance）。

（4）：截距與負荷量恆等（intercept and loading equivalent），此時稱為量尺上的恆等（scalar invariance）。

（5）：截距（intercept）、因素平均（factor mean）以及負荷量（loading）恆等，此時為最嚴格的恆等。

因此，測量恆等主要可以分為完全的因素型態恆等性（configural invariance）、完全的量尺恆等性（metric invariance）、完全的純量恆等性（scalar invariance）、部分的獨特變異量恆等性（uniqueness invariance）以及部分的因素變異數－共變數矩陣恆等性（factor variance-covariance invariance）等多種不同的分類。以下將利用有六個指標（y1 至 y6）以及群組的變項〔性別（gender），樣本中有 500 位男生及 600 位女生〕（mplus_42.dat）來進行多樣本的驗證性因素分析（圖 4-6 和圖 4-7）。

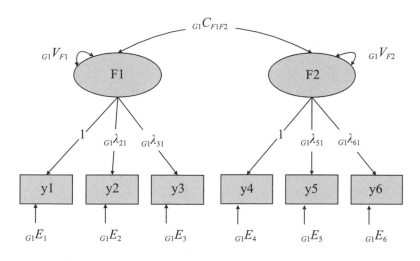

圖 4-6：多樣本的驗證性因素分析示意圖（群組 1）

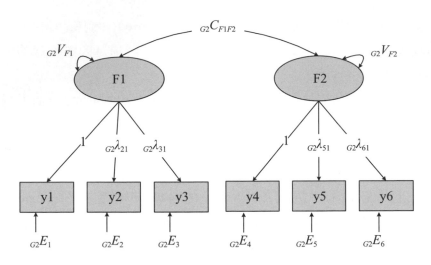

圖 4-7：多樣本的驗證性因素分析示意圖（群組 2）

　　由圖 4-6 以及圖 4-7 中可以發現，觀察變項有六個，所以其參數空間應該是 $6 \times 7/2 = 21$ 個參數空間，所需要估計的參數如下：共變數一個、因素的變異數二個、因素的負荷量四個、測量誤差六個，所以需要估計的參數有 $1 + 2 + 4 + 6 = 13$ 個，因此自由度為 $21 - 13 = 8$。

　　群組 2 的自由度和群組 1 一樣為八個自由度，因此二個群組之總自由度應為 $8 + 8 = 16$ 個。

1. 步驟 1：考驗未限制模型

　　考驗多群組的 CFA 模式之前，相同的模式應該在每個群組中都有適當的適配程度。亦即男生與女生在相同的模式下都必須有好的適配情形。（以男生資料估計一次參數，再以女生在相同模式下估計一次參數，而且適配情形應該都要不錯才有繼續進行的可能。）因為限制模型一定比未限制模型還要差，若未限制模型的適配情形都已經不佳，再繼續進行限制模型的估計只會更差不會更好。

　　未限制模型不能有任何相等性的限制，在跨群組的模式估計的參數中，在限制跨群組的相等條件之前，這個模型應該有合理的適配程度。Mplus

在考驗未限制模型的參數估計程式如下所示。

```
TITLE: Multiple Sample CFA, data is adopted from Muthen & Muthen
DATA: FILE IS "mplus_42.dat";
VARIABLE:
    NAMES ARE y1-y6 g;
    USEVARIABLES ARE y1-y6 g;
    GROUPING IS g (1 = male 2 = female);
ANALYSIS:
MODEL = NOMEANSTRUCTURE;
INFORMATION = EXPECTED;
MODEL:
    f1 by y1-y3;
    f2 by y4-y6;
MODEL FEMALE:
    f1 by y2-y3;
    f2 by y5-y6;
OUTPUT: stdyx modindices(3.84);
```

Mplus 程式中使用原始資料為分析資料時，內定是會估計平均數結構，因此需要加入以下這二行將內定估計平均數結構的設定修改為不估計。

```
MODEL = NOMEANSTRUCTURE;
INFORMATION = EXPECTED;
```

Mplus 程式中，多群組分析會將因素負荷量限制為相等，因此若是完全沒有限制的參數估計情形下，需要加上另外群組的估計模式，此時可利用 MODEL 的指令來加以估計，例如加入另外一個群組（FEMALE）的參數估計如下所示。

MODEL FEMALE:
    f1 by y2-y3;
    f2 by y5-y6;

    若女生群組的部分不寫的話，則 Mplus 會內定二個群組的所有參數都一樣，所以再修改 Mplus 的內定值，設定男女生再分別估計，這是第 0 個未限制模型（參照的模型）。另外，在平均數結構部分，Mplus 內定會加以估計，所以需要修改 Mplus 的內定值，而且目前在恆等部分只有關心變異數以及共變數結構部分，所以不需要估計平均數結構，以下所呈現的是完全沒有限制條件的情況下其模式適配的分析結果。

MODEL FIT INFORMATION

Number of Free Parameters   26
Loglikelihood
    H0 Value   -9743.001
    H1 Value   -9733.868
Information Criteria
    Akaike (AIC)   19538.002
    Bayesian (BIC)   19668.082
    Sample-Size Adjusted BIC   19585.500
    (n* = (n + 2) / 24)
Chi-Square Test of Model Fit
    Value   18.266
    Degrees of Freedom   16
    P-Value   0.3086
Chi-Square Contributions from Each Group
    MALE   9.257
    FEMALE   9.009
RMSEA (Root Mean Square Error of Approximation)
    Estimate   0.016
    90 Percent C.I.   0.000   0.044

Probability RMSEA <= 0.05	0.982

CFI/TLI

CFI	1.000
TLI	0.999

Chi-Square Test of Model Fit for the Baseline Model

Value	6844.892
Degrees of Freedom	30
P-Value	0.0000

SRMR (Standardized Root Mean Square Residual)

Value	0.008

　　由上述模式的適配情形看來，卡方值為 18.266、自由度為 16、$p = 0.3086$（未達顯著）、RMSEA = 0.016 < 0.08、CFI = 1.000 > 0.95、TLI = 0.999 > 0.95、SRMR = 0.008 < 0.05，所以適配情形相當理想。下述分析結果為多群組中，未限制模型的非標準化解。

MODEL RESULTS

Two-Tailed

Estimate S.E. Est./S.E. P-Value

Group MALE					Group FEMALE				
F1 BY					F1 BY				
Y1	1.000	0.000	999.000	999.000	Y1	1.000	0.000	999.000	999.000
Y2	1.035	0.030	34.259	0.000	Y2	0.992	0.028	35.071	0.000
Y3	1.025	0.030	34.591	0.000	Y3	0.475	0.020	23.950	0.000
F2 BY					F2 BY				
Y4	1.000	0.000	999.000	999.000	Y4	1.000	0.000	999.000	999.000
Y5	0.972	0.026	37.889	0.000	Y5	1.028	0.025	40.602	0.000
Y6	0.969	0.027	35.303	0.000	Y6	1.031	0.025	40.519	0.000
F2 WITH					F2 WITH				
F1	2.333	0.180	12.943	0.000	F1	2.476	0.174	14.258	0.000
Variances					Variances				
F1	2.688	0.204	13.172	0.000	F1	2.721	0.187	14.540	0.000
F2	3.071	0.228	13.487	0.000	F2	3.333	0.228	14.602	0.000

Residual Variances					Residual Variances				
Y1	0.539	0.048	11.208	0.000	Y1	0.469	0.051	9.235	0.000
Y2	0.508	0.048	10.548	0.000	Y2	0.529	0.052	10.104	0.000
Y3	0.472	0.046	10.270	0.000	Y3	0.465	0.030	15.634	0.000
Y4	0.524	0.048	10.853	0.000	Y4	0.627	0.049	12.705	0.000
Y5	0.387	0.041	9.504	0.000	Y5	0.488	0.045	10.972	0.000
Y6	0.550	0.048	11.410	0.000	Y6	0.497	0.045	11.044	0.000

由上述的比較中可以發現，其他的因素負荷量大約都差不多，只有F1 BY Y3 在MALE（1.025）與FEMALE（0.475）之間的差異較大，因此下述步驟 2 即可繼續進行因素負荷量限制相等的分析。

2. 步驟 2：將因素負荷量限制相等

接下來將 y2、y3、y5 及 y6 的因素負荷量限制為相等，在 Mplus 中，若是進行多樣本的驗證性因素分析，其內定值即是將因素負荷量限制為相等，因此因素負荷量限制相等的分析程式寫法與單純分析單樣本的驗證性因素分析的寫法完全相同，程式如下所述。

```
TITLE: Multiple Sample CFA, data is adopted from Muthen & Muthen
DATA: FILE IS "mplus_42.dat";
VARIABLE:
   NAMES ARE y1-y6 g;
   USEVARIABLES ARE y1-y6 g;
   GROUPING IS g (1 = male 2 = female);
ANALYSIS:
   MODEL = NOMEANSTRUCTURE;
   INFORMATION = EXPECTED;
   ! TYPE IS GENERAL;
   ESTIMATOR IS ML;
   ! ITERATIONS = 1000;
```

```
    CONVERGENCE = 0.00005;
MODEL:
    f1 by y1-y3;
    f2 by y4-y6;
! MODEL FEMALE:
    ! f1 by y2-y3;
    ! f2 by y5-y6;
OUTPUT: stdyx modindices(3.84);
```

上述是 ULI 的寫法，這種寫法比較不容易弄錯，建議使用，而若要利用 UVI 的方式來加以撰寫參數估計的程式，可參考下述的寫法。

```
TITLE: Multiple Sample CFA, data is adopted from Muthen & Muthen
DATA: FILE IS "mplus_42.dat";
VARIABLE:
    NAMES ARE y1-y6 g;
    USEVARIABLES ARE y1-y6 g;
    GROUPING IS g (1 = male 2 = female);
ANALYSIS:
    MODEL = NOMEANSTRUCTURE;
    INFORMATION = EXPECTED;
MODEL:
    f1 by y1* y2-y3;
    f2 by y4* y5-y6;
    f1@1;
    f2@1;
MODEL FEMALE:
    f1;
    f2;
    OUTPUT: stdyx modindices(3.84);
```

在以 UVI 的型式來撰寫程式時，請記得另一個群組的變異數並未限制要相等，此時的自由度才會相同，以下將比較 ULI 以及 UVI 的程式寫法，ULI 的程式寫法如圖 4-8 所示。

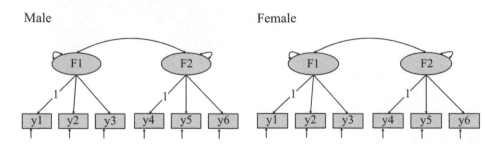

圖 4-8：多樣本分析的初始模型圖

假如男女二個群組的因素負荷量限制為相同，則二個群組會有四個負荷量相同，因此自由度會增加 4，原來為 16，所以會增加為 20。因此在多樣本分析中可以合併如圖 4-9 所示。

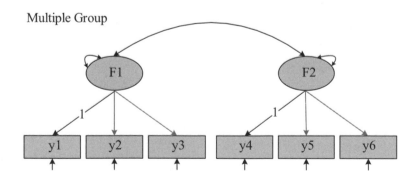

圖 4-9：多樣本分析中 ULI 程式寫法示意圖

但若以 UVI 為樣本依賴原則，則如圖 4-10 所示。

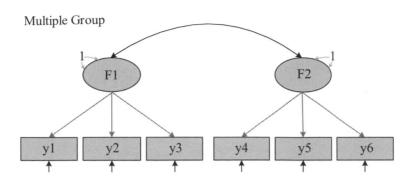

圖 4-10：多樣本分析中 UVI 程式寫法示意圖

　　所以應該少六個估計的參數，亦即要增加六個自由度，所以為 16 + 6 = 22，但實際上為 20，為什麼呢？難道 UVI 與 ULI 的自由度不同嗎？其實 20 才是對的，應該只有增加四個自由度，為什麼呢？在因素恆等中，並未限制因素的變異數要相等，因為 UVI 是將因素的變異數設定為 1，所以另一組的自由度應該要釋放參數估計，即是 6 − 2，因此還是增加四個自由度而已，如圖 4-11 所示。

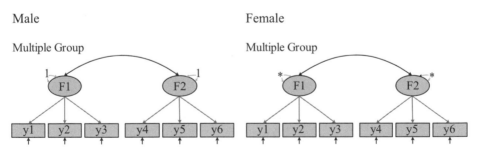

圖 4-11：多樣本分析中因素相等示意圖

　　以下的參數估計結果是當因素負荷量限制為相等時的多樣本分析。首先說明的是模型適配的情形。

MODEL FIT INFORMATION

Number of Free Parameters	22

Loglikelihood

H0 Value	-9877.335
H1 Value	-9733.868

Information Criteria

Akaike (AIC)	19798.669
Bayesian (BIC)	19908.737
Sample-Size Adjusted BIC	19838.859
$(n^* = (n + 2) / 24)$	

Chi-Square Test of Model Fit

Value	286.933
Degrees of Freedom	20
P-Value	0.0000

Chi-Square Contributions from Each Group

MALE	179.072
FEMALE	107.860

RMSEA (Root Mean Square Error of Approximation)

Estimate	0.156	
90 Percent C.I.	0.140	0.172
Probability RMSEA <= 0.05	0.000	

CFI/TLI

CFI	0.961
TLI	0.941

Chi-Square Test of Model Fit for the Baseline Model

Value	6844.892
Degrees of Freedom	30
P-Value	0.0000

SRMR (Standardized Root Mean Square Residual)

Value	0.135

由上述的模型適配情形看來，卡方值為286.933、自由度為20、$p = 0.0000$

< 0.001、RMSEA = 0.156 > 0.08、CFI = 0.961 > 0.95、TLI = 0.941 < 0.95、SRMR = 0.135 > 0.05，表示模型的適配情形並不理想。而不同群組在因素負荷量限定為相等時，其參數估計的結果比較如下。

MODEL RESULTS

Two-Tailed

	Estimate	S.E.	Est./S.E.	P-Value		Estimate	S.E.	Est./S.E.	P-Value
Group MALE					Group FEMALE				
F1 BY					F1 BY				
Y1	1.000	0.000	999.000	999.000	Y1	1.000	0.000	999.000	999.000
Y2	1.015	0.021	47.435	0.000	Y2	1.015	0.021	47.435	0.000
Y3	0.680	0.019	36.626	0.000	Y3	0.680	0.019	36.626	0.000
F2 BY					F2 BY				
Y4	1.000	0.000	999.000	999.000	Y4	1.000	0.000	999.000	999.000
Y5	1.002	0.018	55.461	0.000	Y5	1.002	0.018	55.461	0.000
Y6	1.004	0.019	53.821	0.000	Y6	1.004	0.019	53.821	0.000
F2 WITH					F2 WITH				
F1	2.426	0.183	13.238	0.000	F1	2.347	0.162	14.528	0.000
Variances					Variances				
F1	3.067	0.219	13.995	0.000	F1	2.330	0.157	14.805	0.000
F2	2.934	0.207	14.196	0.000	F2	3.459	0.224	15.412	0.000
Residual Variances					Residual Variances				
Y1	0.508	0.055	9.180	0.000	Y1	0.548	0.049	11.253	0.000
Y2	0.462	0.055	8.449	0.000	Y2	0.568	0.050	11.298	0.000
Y3	0.857	0.060	14.197	0.000	Y3	0.494	0.035	14.279	0.000
Y4	0.540	0.048	11.356	0.000	Y4	0.617	0.049	12.544	0.000
Y5	0.379	0.040	9.456	0.000	Y5	0.495	0.044	11.288	0.000
Y6	0.546	0.048	11.374	0.000	Y6	0.501	0.044	11.338	0.000

由上述原始化解的參數估計中，可以發現這二個群組的因素負荷量值是相等的，因為模型並不理想，因此參考其中修正指標建議如下所示。

Minimum M.I. value for printing the modification index 3.840

	M.I.	E.P.C.	Std E.P.C.	StdYX E.P.C.

Group MALE					Group FEMALE				
BY Statements					BY Statements				
F1 BY Y1	44.997	-0.263	-0.460	-0.243	F1 BY Y1	45.006	0.263	0.401	0.237
F1 BY Y2	24.460	-0.088	-0.155	-0.081	F1 BY Y2	24.457	0.107	0.164	0.095
F1 BY Y3	229.410	0.302	0.529	0.351	F1 BY Y3	229.414	-0.221	-0.338	-0.269
F1 BY Y4	6.215	0.070	0.123	0.066	F1 BY Y4	5.013	-0.077	-0.118	-0.058
F2 BY Y1	26.639	-0.173	-0.295	-0.156	F2 BY Y1	24.966	0.138	0.257	0.151
F2 BY Y2	15.675	-0.133	-0.228	-0.120	F2 BY Y2	11.463	0.095	0.176	0.102
F2 BY Y3	162.947	0.404	0.693	0.459	F2 BY Y3	114.499	-0.257	-0.477	-0.381
WITH Statements					WITH Statements				
Y2 WITH Y1	32.732	-0.493	-0.493	-1.018	Y2 WITH Y1	51.664	0.420	0.420	0.752
Y3 WITH Y2	8.814	0.148	0.148	0.236	Y3 WITH Y1	10.216	-0.118	-0.118	-0.226
					Y3 WITH Y2	12.775	-0.134	-0.134	-0.252
					Y5 WITH Y3	4.717	-0.058	-0.058	-0.118

修正指標的建議資料中，雖然 F2 BY Y3 也是滿大的，但注意它有因素交叉負荷（cross loading）的問題，所以還是選擇 F1 BY Y3 這個修正的建議值。F1 BY Y3 修正建議值可遞減 229.410，原來的估計值有 286.933，所以大約有 90% 的貢獻。接下來的是修正的模式，這個修正模式將釋放在 y3 跨組相等的限制，Mplus 的修正程式如下所示。

TITLE: Multiple Sample CFA, data is adopted from Muthen & Muthen
DATA: FILE IS "mplus_42.dat";
VARIABLE:
　　NAMES ARE y1-y6 g;
　　USEVARIABLES ARE y1-y6 g;
　　GROUPING IS g (1=male 2=female);
ANALYSIS:
　　MODEL = NOMEANSTRUCTURE;
　　INFORMATION = EXPECTED;
MODEL:

```
    f1 by y1-y3;
    f2 by y4-y6;
MODEL FEMALE:
    f1 by y3;
OUTPUT: stdyx modindices(3.84);
```

　　假如某些因素的負荷量在跨群組之間是不同（差異很大）的，但有些是相同的，則稱為部分測量不變（partial measurement invariance），以下為此修正模式下的模式適配情形。

MODEL FIT INFORMATION

Number of Free Parameters	23
Loglikelihood	
H0 Value	-9745.191
H1 Value	-9733.868
Information Criteria	
Akaike (AIC)	19536.382
Bayesian (BIC)	19651.452
Sample-Size Adjusted BIC	19578.399
(n* = (n + 2) / 24)	
Chi-Square Test of Model Fit	
Value	22.645
Degrees of Freedom	19
P-Value	0.2533
Chi-Square Contributions from Each Group	
MALE	11.692
FEMALE	10.954
RMSEA (Root Mean Square Error of Approximation)	
Estimate	0.019
90 Percent C.I.	0.000　　　0.044
Probability RMSEA <= 0.05	0.985

CFI/TLI

CFI	0.999
TLI	0.999

Chi-Square Test of Model Fit for the Baseline Model

Value	6844.892
Degrees of Freedom	30
P-Value	0.0000

SRMR (Standardized Root Mean Square Residual)

Value	0.017

由上述模型適配情形看來，模型的卡方值為 22.645、自由度為 19、$p =$ 0.2533（未達顯著），表示資料適配模型；RMSEA = 0.019 < 0.08、CFI = 0.999 > 0.95、TLI = 0.999 > 0.95、SRMR = 0.017 < 0.05，由其上除卡方值之外的適配指標看來，模型的適配情形亦佳，以下為參數估計結果。

MODEL RESULTS

			Two-Tailed						Two-Tailed
	Estimate	S.E.	Est./S.E.	P-Value		Estimate	S.E.	Est./S.E.	P-Value
Group MALE					Group FEMALE				
F1 BY					F1 BY				
Y1	1.000	0.000	999.000	999.000	Y1	1.000	0.000	999.000	999.000
Y2	1.013	0.021	49.033	0.000	Y2	1.013	0.021	49.033	0.000
Y3	1.014	0.027	37.563	0.000	Y3	0.480	0.020	24.560	0.000
F2 BY					F2 BY				
Y4	1.000	0.000	999.000	999.000	Y4	1.000	0.000	999.000	999.000
Y5	1.003	0.018	55.454	0.000	Y5	1.003	0.018	55.454	0.000
Y6	1.004	0.019	53.814	0.000	Y6	1.004	0.019	53.814	0.000
F2 WITH					F2 WITH				
F1	2.304	0.174	13.234	0.000	F1	2.496	0.172	14.553	0.000
Variances					Variances				
F1	2.748	0.199	13.801	0.000	F1	2.667	0.177	15.068	0.000
F2	2.933	0.207	14.194	0.000	F2	3.458	0.224	15.411	0.000

Residual Variances						Residual Variances				
Y1	0.533	0.048	11.148	0.000		Y1	0.482	0.049	9.861	0.000
Y2	0.515	0.048	10.839	0.000		Y2	0.517	0.051	10.142	0.000
Y3	0.472	0.046	10.259	0.000		Y3	0.465	0.030	15.630	0.000
Y4	0.542	0.048	11.383	0.000		Y4	0.618	0.049	12.550	0.000
Y5	0.381	0.040	9.501	0.000		Y5	0.493	0.044	11.263	0.000
Y6	0.543	0.048	11.364	0.000		Y6	0.503	0.044	11.352	0.000

殘差的變異值假若是大約相等的話，就等同是變異數分析（ANOVA）中變異數同質的基本假設。

以比較卡方值差異性來選擇較佳的模式，目前有二個模式可供比較，一個是未限制模型（卡方值 = 18.266、df = 16），其組別之間的因素負荷量是分開估計，沒有加以限制的；而另一個模式則為限制因素負荷量相等的限制模型，但因第一次的適配情況不佳，所以採用估計程式所建議的修正模式為部分測量不變的模式，其自由度為 19、卡方值 = 22.65（簡單模型），經卡方值差異性考驗中可以知道，自由度差 3（19 − 16 = 3），卡方值差 = 22.65 − 18.27 = 4.38，自由度 3 的臨界值為 7.81（CHIINV(0.05,3)），因為小於臨界值，所以未達顯著水準，所以承認虛無假設，亦即簡單模型（df = 19）與複雜模型（df = 16）相等，所以選擇簡單模型（df = 19），亦即因素負荷量限制的測量部分恆等的模式為選擇的模式。接下來的分析步驟則選擇變異數與共變數相等條件下的多樣本分析。

3. 步驟 3：變異數與共變數相等條件

以下的恆等設定為誤差變異（error variances）、因素變異（factor variances）以及共變數（covariances）在跨組之間設定為相等，Mplus 分析的程式如下所述。

TITLE: Multiple Sample CFA, data is adopted from Muthen & Muthen
DATA: FILE IS "mplus_42.dat";

```
VARIABLE:
  NAMES ARE y1-y6 g;
  USEVARIABLES ARE y1-y6 g;
  GROUPING IS g (1=male 2=female);
ANALYSIS:
  MODEL = NOMEANSTRUCTURE;
  INFORMATION = EXPECTED;
MODEL:
  f1 by y1-y3;
  f2 by y4-y6;
  y1(1);
  y2(2);
  y4(3);
  y5(4);
  y6(5);
  f1(6);
  f2(7);
  f1 with f2(8);
MODEL FEMALE:
  f1 by y3;
OUTPUT: stdyx modindices(3.84);
```

設定變異數與共變數恆等時，一般皆不會設定誤差變異恆等，而上述
程式中只有將負荷量、共變數設定為恆等，以下為此恆等模式的模式適配
情形。

MODEL FIT INFORMATION

Number of Free Parameters	15
Loglikelihood	
H0 Value	-9751.693
H1 Value	-9733.868

Information Criteria

    Akaike (AIC)   19533.385

    Bayesian (BIC)   19608.431

    Sample-Size Adjusted BIC   19560.788

     (n* = (n + 2) / 24)

Chi-Square Test of Model Fit

    Value   35.649

    Degrees of Freedom   27

    P-Value   0.1232

Chi-Square Contributions from Each Group

    MALE   19.138

    FEMALE   16.511

RMSEA (Root Mean Square Error of Approximation)

    Estimate   0.024

    90 Percent C.I.   0.000   0.044

    Probability RMSEA <= 0.05   0.989

CFI/TLI

    CFI   0.999

    TLI   0.999

Chi-Square Test of Model Fit for the Baseline Model

    Value   6844.892

    Degrees of Freedom   30

    P-Value   0.0000

SRMR (Standardized Root Mean Square Residual)

    Value   0.047

　　由上述模型的適配情形可以發現，模型的卡方值為35.649、自由度為27、p 值為 0.1232 > 0.05（未達顯著），表示模型的適配情形理想，繼續參考其他的模型適配性指標中，RMSEA = 0.024 < 0.08、CFI = 0.999 > 0.95、TLI = 0.999 > 0.95、SRMR = 0.047 < 0.05，除了卡方值適配情形理想之外，其餘的適配性指標亦呈現理想的情形。以下為跨群組之間，參數估計的結果。

MODEL RESULTS

<table>
<tr><td></td><td></td><td></td><td>Two-Tailed</td><td></td><td></td><td></td><td></td><td>Two-Tailed</td></tr>
<tr><td></td><td>Estimate</td><td>S.E.</td><td>Est./S.E.</td><td>P-Value</td><td></td><td>Estimate</td><td>S.E.</td><td>Est./S.E.</td><td>P-Value</td></tr>
<tr><td>Group MALE</td><td></td><td></td><td></td><td></td><td>Group FEMALE</td><td></td><td></td><td></td><td></td></tr>
<tr><td>F1 BY</td><td></td><td></td><td></td><td></td><td>F1 BY</td><td></td><td></td><td></td><td></td></tr>
<tr><td>Y1</td><td>1.000</td><td>0.000</td><td>999.000</td><td>999.000</td><td>Y1</td><td>1.000</td><td>0.000</td><td>999.000</td><td>999.000</td></tr>
<tr><td>Y2</td><td>1.014</td><td>0.021</td><td>49.422</td><td>0.000</td><td>Y2</td><td>1.014</td><td>0.021</td><td>49.422</td><td>0.000</td></tr>
<tr><td>Y3</td><td>1.022</td><td>0.026</td><td>38.839</td><td>0.000</td><td>Y3</td><td>0.478</td><td>0.019</td><td>24.759</td><td>0.000</td></tr>
<tr><td>F2 BY</td><td></td><td></td><td></td><td></td><td>F2 BY</td><td></td><td></td><td></td><td></td></tr>
<tr><td>Y4</td><td>1.000</td><td>0.000</td><td>999.000</td><td>999.000</td><td>Y4</td><td>1.000</td><td>0.000</td><td>999.000</td><td>999.000</td></tr>
<tr><td>Y5</td><td>1.005</td><td>0.018</td><td>55.433</td><td>0.000</td><td>Y5</td><td>1.005</td><td>0.018</td><td>55.433</td><td>0.000</td></tr>
<tr><td>Y6</td><td>1.005</td><td>0.019</td><td>53.750</td><td>0.000</td><td>Y6</td><td>1.005</td><td>0.019</td><td>53.750</td><td>0.000</td></tr>
<tr><td>F1 WITH</td><td></td><td></td><td></td><td></td><td>F1 WITH</td><td></td><td></td><td></td><td></td></tr>
<tr><td>F2</td><td>2.405</td><td>0.125</td><td>19.236</td><td>0.000</td><td>F2</td><td>2.405</td><td>0.125</td><td>19.236</td><td>0.000</td></tr>
<tr><td>Variances</td><td></td><td></td><td></td><td></td><td>Variances</td><td></td><td></td><td></td><td></td></tr>
<tr><td>F1</td><td>2.699</td><td>0.138</td><td>19.607</td><td>0.000</td><td>F1</td><td>2.699</td><td>0.138</td><td>19.607</td><td>0.000</td></tr>
<tr><td>F2</td><td>3.212</td><td>0.162</td><td>19.859</td><td>0.000</td><td>F2</td><td>3.212</td><td>0.162</td><td>19.859</td><td>0.000</td></tr>
<tr><td>Residual
Variances</td><td></td><td></td><td></td><td></td><td>Residual
Variances</td><td></td><td></td><td></td><td></td></tr>
<tr><td>Y1</td><td>0.508</td><td>0.034</td><td>14.766</td><td>0.000</td><td>Y1</td><td>0.508</td><td>0.034</td><td>14.766</td><td>0.000</td></tr>
<tr><td>Y2</td><td>0.514</td><td>0.035</td><td>14.623</td><td>0.000</td><td>Y2</td><td>0.514</td><td>0.035</td><td>14.623</td><td>0.000</td></tr>
<tr><td>Y3</td><td>0.475</td><td>0.045</td><td>10.532</td><td>0.000</td><td>Y3</td><td>0.465</td><td>0.030</td><td>15.627</td><td>0.000</td></tr>
<tr><td>Y4</td><td>0.583</td><td>0.035</td><td>16.753</td><td>0.000</td><td>Y4</td><td>0.583</td><td>0.035</td><td>16.753</td><td>0.000</td></tr>
<tr><td>Y5</td><td>0.442</td><td>0.030</td><td>14.490</td><td>0.000</td><td>Y5</td><td>0.442</td><td>0.030</td><td>14.490</td><td>0.000</td></tr>
<tr><td>Y6</td><td>0.522</td><td>0.033</td><td>15.856</td><td>0.000</td><td>Y6</td><td>0.522</td><td>0.033</td><td>15.856</td><td>0.000</td></tr>
</table>

上述多樣本的模式比較結果一覽表如表 4-3 所示。

表 4-3：多樣本驗證性因素分析的模式比較結果

Model	Chi-Square	df	CFI	RMSEA	SRMR	卡方差	卡方臨界值	比較結果
1. Unconstrained Model	18.266	16	1.000	0.016 (0.000-0.044)	0.008			
2. Constrained Model (Factor Loading)	286.933	20	0.961	0.156 (0.140-0.172)	0.135			
3. Modified Constrained Model (Factor Loading)	22.645	19	0.999	0.019 (0.000-0.044)	0.017	4.38	7.81	(1,3)N.S.選 3
4. Constrained Model (Variances and Covariances)	35.649	27	0.999	0.024 (0.000-0.044)	0.047	13.00	15.51	(3,4)N.S.選 4

　　由上述驗證性因素分析多樣本的分析，其各種適配性指標的比較中，選擇最終且最適配的模式是模式 4，即變異數與共變數限制相等的模式。

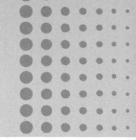

CHAPTER
5

潛在成長模型

運用潛在成長模型（latent growth modeling, LGM）分析的目的主要是探討縱貫性資料的成長趨勢（Hancock & Mueller, 2006; Kline, 2011）。談到潛在成長模型主要有二個關鍵字，一是潛在（latent），由此可知是估計的變項，而非觀察變項；另一個則為成長（growth），由此可知潛在成長模型是一系列縱貫時間的資料分析。當研究者有興趣想了解在縱貫的時間中，個體某些層面的改變，其改變量多少？可能的改變是如何？成長模型即是一個很好的方式去了解個體在縱貫時間下改變的差異情形，這也許是行為和價值上的表現，或者是某一特定領域的表現，例如藥物濫用的情形、壓力的改變、溝通技巧、數學或科學的性向等。潛在成長模型可以描述個體在初始的狀態（例如：參照的水準），和最後發展的軌跡為何（例如：線性和二次趨勢的成長）？

另外，潛在成長模型可以決定個體間在二種初始的狀態和軌跡的差異，並且提供與其他變項或結構進行平均數考驗的貢獻，來解釋個體的初始狀態以及成長的軌跡。潛在成長模型同樣關注共變數、變異數和平均數在不同時間下的改變，因此與傳統方式相較，它提供了潛在變項更多有用的訊息。大多數社會科學下成長軌跡的類型是線性、二次和階段式等三種。除此之外，其他的成長軌跡很少見。潛在成長模型也可以說是一種建構具有平均數結構的 CFA 的簡單方式。

因此，潛在成長模型可以在一般結構方程模式軟體進行參數的估計及建構。以下利用一個簡單的範例來說明潛在成長模型的參數估計（Hancock & Mueller, 2006）。

5.1

線性成長模型的特徵

圖 5-1 即為典型線性成長模型，其特徵如下所述。

1. 所有受試者呈現的都是一種線性的關係，亦即固定的時間每位受試者在個別的線性中都有固定的量（每位受試者的成長量在每個時間間距都是相等的）。

2. 每位受試者彼此間的成長速率並不相同。
   (1) 起始點不同（截距）：所描述的是每位受試者在某一個時間點上的值，通常是在一開始測量時。
   (2) 成長率不同（斜率）：描述每位受試者在每一個時間間距改變的量。

3. 測量每位受試者的表現，除了要觀察每位受試者的初始點之外（一開始測量），尚要考量成長量的改變，所以受試者間是考量截距與斜率之間的關係。

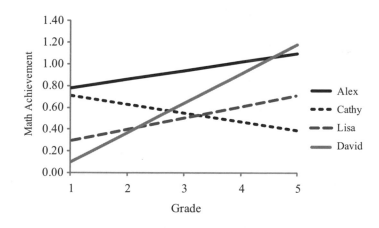

圖 5-1：典型的線性成長模型

資料來源：*Structural equation modeling: a second course* (p.173), by Hancock & Mueller, 2006, Greenwich: Information Age publishing Inc.

(1) 例如David一年級時的表現是最後一名，但是在五年級的表現卻是第一名。而 Alex 在一年級的時候是屬於高成就，但是因為成長速率並不像David那麼快，所以到了五年級的時候表現反而不及 David，而 Cathy 則是屬於非常不正常的表現，一年級屬於高成就卻一路往下滑，到了五年級反而是四位小朋友中表現最不理想的一位。

(2) 不同時間，分數的變異是不同（變動）的。

5.2
如何預測線性成長模型

　　潛在成長模型可能會呈現線性或者曲線或是其他的模型，在分析之前可以利用 SPSS 的曲線估計來預測成長曲線的函數。在 SPSS 中可以利用迴歸中的曲線估計，以不同的時間為自變項，平均數為依變項。選擇相關的成長函數來測試資料的曲線函數，結果 F 值較大而 P 值較小為模式適合的函數。歸納如下：(1)選擇需要測試的模式（成長函數）；(2)當 F 值較大而 P 值較小時，該模式函數則為模式適合的函數。

　　另外也可以運用散佈圖來預測成長曲線函數。當利用散佈圖來預測成長曲線時，可以觀察其散佈圖為何種成長曲線，例如圖 5-2 即為呈現線性遞增的函數。

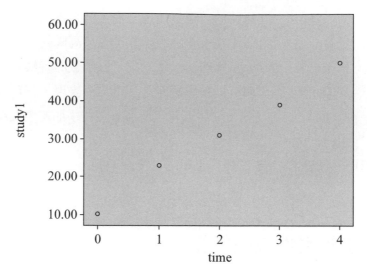

圖 5-2：資料 1 的線性遞增函數散佈圖

　　若利用 SPSS 統計分析軟體，點選分析→迴歸→曲線估計的功能，則可以估計最佳資料適配的模式，曲線估計的畫面如圖 5-3 所示。

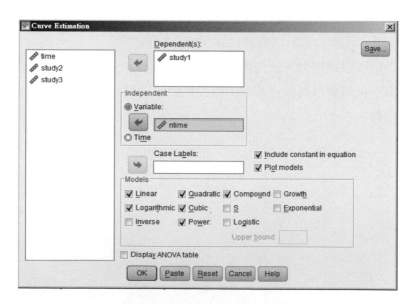

圖 5-3：曲線估計的選擇畫面

下面所呈現的即是資料 1（study1）曲線估計的結果。

Model Summary and Parameter Estimates

Dependent Variable: study1

Equation	Model Summary					Parameter Estimates			
	R Square	F	df1	df2	Sig.	Constant	b1	b2	b3
Linear	0.993	400.147	1	3	0.000	2.000	9.560		
Logarithmic	0.961	74.794	1	3	0.003	8.266	23.409		
Quadratic	0.993	149.442	2	2	0.007	0.400	10.931	-0.229	
Cubic	1.000	8392.266	3	1	0.008	-10.520	26.271	-6.079	0.650
Compound	0.914	31.965	1	3	0.011	8.920	1.447		
Power	0.991	349.571	1	3	0.000	10.804	0.957		

The independent variable is ntime.

由上述曲線估計的結果可以發現，基本上資料 1 所呈現的曲線應該是以線性（linear）為佳，圖 5-4 則為資料 1 各種曲線估計的模型圖。

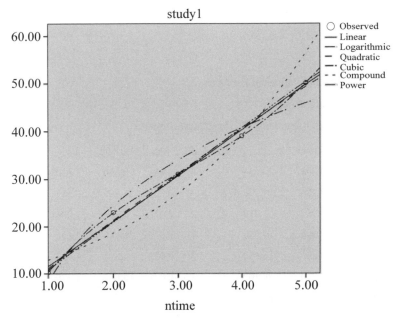

圖 5-4：資料 1 曲線估計的資料參數模型圖

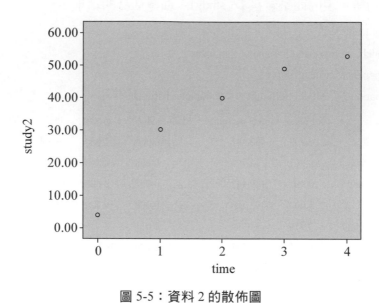

圖 5-5：資料 2 的散佈圖

圖 5-5 是資料 2（study2）的散佈圖，由散佈圖中可以觀察出為何種成長曲線嗎？根據圖形判斷應該是二次曲線的線性成長曲線。

以下呈現的是資料 2 曲線估計的結果。

Model Summary and Parameter Estimates

Dependent Variable: study2

Equation	Model Summary					Parameter Estimates			
	R Square	F	df1	df2	Sig.	Constant	b1	b2	b3
Linear	0.891	24.633	1	3	0.016	0.250	11.670		
Logarithmic	0.988	237.277	1	3	0.001	5.999	30.559		
Quadratic	0.987	78.219	2	2	0.013	-22.400	31.084	-3.236	
Cubic	0.996	87.030	3	1	0.079	-38.640	53.898	-11.936	0.967
Compound	0.691	6.694	1	3	0.081	4.831	1.759		
Power	0.870	20.102	1	3	0.021	5.807	1.578		

The independent variable is ntime.

　　由上述的考驗結果評估資料 2（study2）應該是曲線估計，圖 5-6 則為資料 2 曲線估計的模型圖。

　　圖 5-7 為第三個範例資料（study3），由散佈圖可以發現應該為二次曲線，並且為凹向上（accelerating）曲線函數。

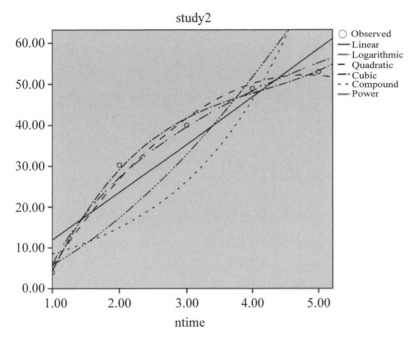

圖 5-6：資料 2 的曲線估計的資料參數模型圖

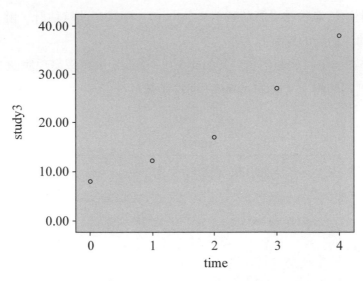

圖 5-7：資料 3 的資料散佈圖

以下為資料 3 曲線估計的考驗結果資料，由下述考驗結果可以判斷上述資料（study3）應該為凹向上的曲線。

Model Summary and Parameter Estimates

Dependent Variable: study3

Equation	Model Summary					Parameter Estimates			
	R Square	F	df1	df2	Sig.	Constant	b1	b2	b3
Linear	0.955	63.657	1	3	0.004	-2.000	7.480		
Logarithmic	0.820	13.702	1	3	0.034	3.924	17.249		
Quadratic	0.998	521.035	2	2	0.002	-7.400	-5.77	1.343	
Cubic	0.998	176.195	3	1	0.055	6.840	0.210	1.043	0.033
Compound	0.998	1369.584	1	3	0.000	5.454	1.479		
Power	0.948	54.862	1	3	0.005	7.109	0.948		

The independent variable is ntime.

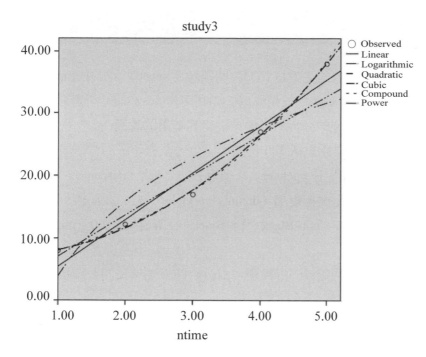

圖 5-8：資料 3 的曲線估計的資料參數模型圖

　　由上述的估計資料評估資料 3（study3）應該是二次曲線，圖 5-8 則為資料 3 曲線估計的模型圖。

　　潛在成長模型的辨識，類似於帶有平均數結構的驗證式因素分析，主要有二個步驟來辨識潛在成長曲線模型：步驟 1 主要是評估成長曲線模型的共變數部分模式的辨識；而步驟 2 則是分別辨識平均數結構模型。

5.3
範例：數學成就的線性成長模型

　　以下以 300 位國小學童之數學成就為例，說明線性成長模型。

一、數學成就範例背景說明

　　此次分析的目的主要是：(1)說明線性（linear）、二次（quadratic）以及二階段（two-piece）的成長模型；(2)利用Mplus軟體分析潛在成長模型；(3)從潛在成長模型的分析結果中，說明其結果的意涵。

　　此一範例資料庫包括 300 位國小學生一至五年級的數學成績，其中的個人背景變項有性別（gender）以及種族（Black、Hispainc、White）。在種族資料中是利用虛擬變項（dummy variables）來加以編碼，編碼情形說明如下：Black（0 = non-Black、1 = Black）、Hispanic（0 = non-Hispanic、1 = Hispanic）。

　　圖 5-9 為原始資料的折線圖，由折線圖來加以預測大約是呈現線性的成長模型。

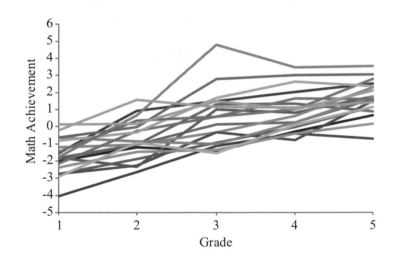

圖 5-9：數學成就原始資料折線圖

　　首先，針對上述的資料庫，考慮以線性的成長趨勢來分析這 300 位國小學童一至五年級的成長資料。其中將 Math1 至 Math5 的因素負荷量加以

固定，初始值皆定為 0（類似 HLM 中的時間變項），因此所表示的方程式如下所示。

Math1 = ini + (slope) × 0 + e1

Math2 = ini + (slope) × 1 + e2

Math3 = ini + (slope) × 2 + e3

Math4 = ini + (slope) × 3 + e4

Math5 = ini + (slope) × 4 + e5

若是由圖形來表示則如圖 5-10。在共變數部分，若是正值的話則是表示能力高者成長快，能力低者成長慢，若是負值的話，是表示能力低者成長快，能力高者成長慢。

潛在成長模型的分析中，若是利用 HLM 分析時，殘差只有一個，而 SEM 每一個都可以估計，因此若將殘差定為固定值則 SEM 可與 HLM 相比較，在後半部將會有 SEM 與 HLM 利用相同資料來進行分析比較。Math1

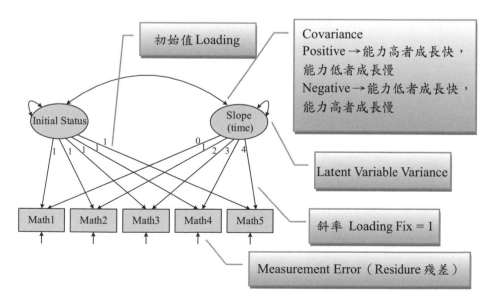

圖 5-10：潛在成長模型分析示意圖

估計初始數學成績，並包括誤差，初始值以及斜率的設定在潛在變項中的設定中會有許多不同的做法，後續將會陸續介紹常見的設定方法。

在自由度的計算方面，由圖 5-10 可知，觀察變項的殘差 5，潛在變項（initial status、slope）的變異數 2，潛在變項之間的共變數 1，總共有八個殘差估計，另外有五個觀察變項，變數空間為 5 × 6/2 = 15，所以自由度為 15 − 8 = 7。

二、具有平均數結構的潛在成長模型

具有平均數結構的潛在成長模型（LGM with mean structure），基本公式可以如下表示。

$$Initial = int_{ini} + D_{ini}$$
$$Slope = int_{slope} + D_{slope}$$

其中的 D_{ini} 表示個別之間初始狀態的變化，而 D_{slope} 則是表示個別之間斜率的變化，Math1 到 Math5 的平均數則固定為 0。圖 5-11 即為具有平均數結構的潛在成長模型示意圖。

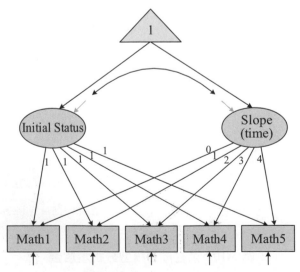

圖 5-11：具平均數結構的潛在成長模型示意圖一

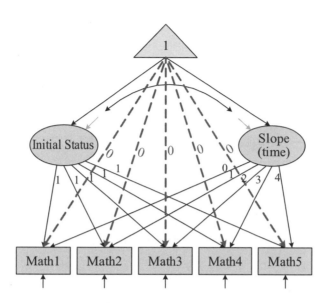

圖 5-12：具平均數結構的潛在成長模型示意圖二

　　圖 5-12 中的 Math1 到 Math5 其平均數估計均固定為 0，以虛線表示，若沒有定義為 0 的話，則具平均數結構的潛在成長模型會出現無法辨識的結果。

　　在模式的參數估計方面，自由度的計算可以分為變異數共變數以及平均數結構等二個部分。

1. 變異數共變數結構

　　變異數共變數結構方面，變數的參數估計空間為 $5 \times 6/2 = 15$，而觀察變項的殘差需要五個，潛在變項的變異數為二個，潛在變項之間的共變數為一個，所以總共有 $5 + 2 + 1 = 8$ 個參數需要估計，因此變異數共變數的自由度為 $15 - 8 = 7$。

2. 平均數結構

　　總共有五個平均數，因為內定值為 0，有五個參數空間，需要估計 Initial

Status 和 Slope 二個平均數，因此在平均數結構中有 5 - 2 = 3 個自由度。所以在整個具平均數結構的成長模型中，自由度為 3 + 7 = 10。在以下具平均數的潛在成長模型中，有五個觀察變項的平均數以及 5 × 6/2 = 15 個變異數及共變數的參數空間。所以共有 5 + 15 = 20 個估計參數的空間（5 × (5 + 1)/2 + 5 = 5 × (5+3)/2 = 20）。

模式參數估計的數目計有十個。因為初始狀態和斜率的負荷量都被固定為 0，初始狀態和斜率的變異數有二個，初始狀態和斜率的共變數有一個，測量誤差（殘差）有五個，Initial Status 和 Slope 的平均數有二個，所以 0 + 2 + 1 + 5 + 2 = 10，因此本模型的自由度（df）= 20 - 10 = 10。

成長模型至少要三個時間點（df = 1、3 - 2 = 1、3 × 4/2 = 6、6 - (3 + 2 + 1) = 0、1 + 0 = 1），否則無法辨識。假設只有三個時間點，此時的自由度如何呢？說明如下。

1. 變異數共變數結構

變異數共變數結構的參數估計空間為 3 × 4/2 = 6 個，有三個測量誤差，有二個潛在因素的變異數，有一個潛在因素的共變數，所以自由度為 6 - (1 + 2 + 3) = 0，此時為恰好辨識。

2. 平均數結構

平均數結構方面，自由度為 3 - 2=1，所以是可以辨識模式，因此自由度為 df = 1 + 0 = 1。

若只有二個時間點，是否可辨識呢？說明如下。

1. 變異數共變數結構

變異數共變數結構的參數估計空間為 2 × 3/2 = 3 個，有二個測量誤差，有二個潛在因素的變異數，有一個潛在因素的共變數，所以自由度為 3 - (1 + 2 + 2) = -2，自由度小於 0，所以模式無法辨識。

2. 平均數結構

平均數結構方面，自由度為 2－2＝0，所以是恰好辨識模式。

因此由上述分析中可以得知，二個時間點在變異數共變數結構中是無法進行成長模型的參數估計。

其實至少要四個時間點，因為它可能是曲線（三點決定），所以潛在成長模型至少要四個時間點。從理論上、實務上都說明了潛在成長模型至少需要四個時間點，以下的分析程式是具有平均數的潛在成長模型分析。

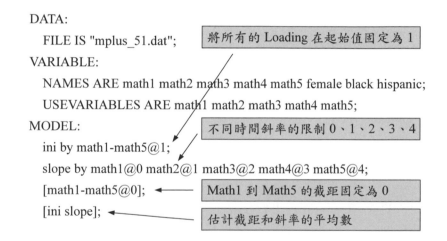

在上述的程式中，ini by math1-math5@1 是表示將 Math1 到 Math5 等五個變項的因素負荷量初始值固定為 1，而 slope by math1@0 math2@1 math3@2 math4@3 math5@4 則是代表不同時間斜率的限制值，[math1-math5@0] 是表示將 Math1 到 Math5 等五個變項的截距固定為 0，至於 [ini slope] 在 Mplus 則是代表需要估計截距和斜率的平均數。因為 Mplus 內定二個潛在變項的共變數會自動估計，所以程式中不會再加註明估計。0、1、2、3、4 可能是年、月或者學期等來決定。下述為 Mplus 的參數估計結果。

MODEL RESULTS

	Estimate	S.E.	Est./S.E.	Two-Tailed P-Value
INI BY				
MATH1	1.000	0.000	999.000	999.000
MATH2	1.000	0.000	999.000	999.000
MATH3	1.000	0.000	999.000	999.000
MATH4	1.000	0.000	999.000	999.000
MATH5	1.000	0.000	999.000	999.000
SLOPE BY				
MATH1	0.000	0.000	999.000	999.000
MATH2	1.000	0.000	999.000	999.000
MATH3	2.000	0.000	999.000	999.000
MATH4	3.000	0.000	999.000	999.000
MATH5	4.000	0.000	999.000	999.000
SLOPE WITH				
INI	0.010	0.013	0.749	0.454
Means				
INI	-1.612	0.053	-30.182	0.000
SLOPE	0.773	0.013	57.276	0.000
Intercepts				
MATH1	0.000	0.000	999.000	999.000
MATH2	0.000	0.000	999.000	999.000
MATH3	0.000	0.000	999.000	999.000
MATH4	0.000	0.000	999.000	999.000
MATH5	0.000	0.000	999.000	999.000
Variances				
INI	0.582	0.066	8.861	0.000
SLOPE	0.023	0.004	5.140	0.000
Residual Variances				
MATH1	0.426	0.050	8.546	0.000
MATH2	0.262	0.030	8.736	0.000

MATH3	0.379	0.037	10.362	0.000
MATH4	0.210	0.025	8.498	0.000
MATH5	0.166	0.031	5.402	0.000

將上述的分析結果整理成圖 5-13 的估計結果，圖中*表示達顯著水準。

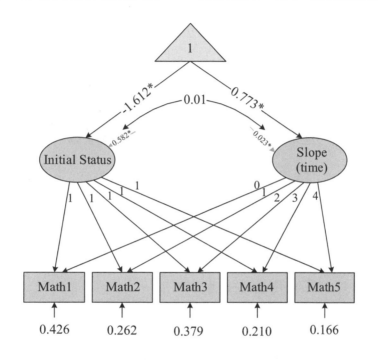

圖 5-13：具平均數結構的潛在成長模型估計結果圖

在上述的估計結果中，因為截距與斜率都固定，所以無法出現其估計值（999.000）是正常的，而 Slope 與 Initial Status 的相關為 0.01，Initial Status 的平均數為-1.612，Slope 的平均數為 0.773，Initial Status 的變異數為 0.582，Slope 的變異數為 0.023，Math1 到 Math5 的殘差變異數為 0.426、0.262、0.379、0.210、0.166。假如這五個時間點的誤差變異固定（0），這樣的情形下 SEM 與 HLM 可以互相比較。

以下將分析結果以結構模型加以表示（如圖 5-14），其中*表示達顯著水準。

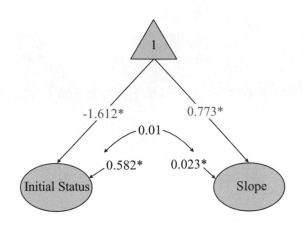

圖 5-14：數學成就分析結果之結構模型圖

　　由估計結果來加以解釋此一成長模型的資料。初始值與斜率的平均數為-1.612 及 0.773，這樣的結果說明，數學成就分數的平均在一年級是-1.612，從一年級到五年級學生在每一年平均的成長是 0.773 個單位〔0→1（0.733）、1→2（0.733）、2→3（0.733）、3→4（0.733）〕。

　　以圖 5-15 為例說明分析的結果。

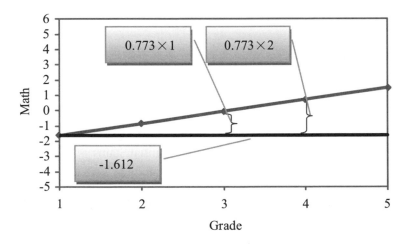

圖 5-15：分析結果示意圖

　　以圖 5-15 為例，初始值是-1.612，斜率是 0.773，所以三年級的平均分數將是 Math3 = -1.612 + 0.773 × 2 = -0.066。但這一條線是所有學生平均的線，也就是說並不是所有學生的線都是一樣的。-1.612 是初始值的平均數，其實就是 Grand Mean 是所有的值與平均數殘差的平均數，就是平均差。

　　變異數的部分，初始值的變異數是 0.582，而且達顯著水準，說明學生分數的變異在一年級（測量的初始時間點，而且只有在第一個點，而不是所有的點）是達到顯著的。斜率的變異數為 0.023，並達顯著水準，說明學生分數的變異在成長率方面是達顯著水準，也就是推翻斜率的變異數為 0 的虛無假設，所以每位學生的斜率並不相同。初始值與斜率的共變數是正值（0.01），代表學生初始值是高的時候，數學成績成長的速度是傾向快的，不過，此時的共變數未達顯著水準（標準差是 0.084，非常的小）。共變數的解釋上，若是正值且達顯著，代表初始值高分者進步的速度快（類似補救教學上的馬太效應）；若是負值的話則是初始值低分者進步快（代表補救教學非常有效，或者是教學對低分者比較有利，或者是教學有效等等），以下為各年級平均數的分析結果。

SAMPLE STATISTICS
　　SAMPLE STATISTICS
　　　Means

	MATH1	MATH2	MATH3	MATH4	MATH5
1	-1.817	-0.701	0.023	0.677	1.454

迴歸預測線如圖 5-16 所示。

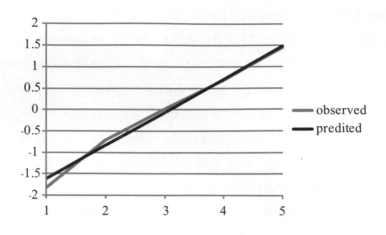

圖 5-16：迴歸預測線圖

　　由圖 5-16 可以得知預測值（迴歸線）與實際的平均數稍有差距，但差異不是很大，接下來可以修改 Mplus 指令來預測其中 2、3、4 三段估計值，亦即將下列程式碼「slope by math1@0 math2@1 math3@2 math4@3 math5@4;」中的 Math2 至 Math4 的斜率改為估計而不是固定，所以程式碼可以修改為「slope by math1@0 math2 math3 math4 math5@4;」。下述呈現 Mplus 的估計結果。

MODEL RESULTS

	Estimate	S.E.	Est./S.E.	Two-Tailed P-Value
INI BY				
MATH1	1.000	0.000	999.000	999.000
MATH2	1.000	0.000	999.000	999.000
MATH3	1.000	0.000	999.000	999.000
MATH4	1.000	0.000	999.000	999.000
MATH5	1.000	0.000	999.000	999.000
SLOPE BY				

MATH1	0.000	0.000	999.000	999.000
MATH2	1.369	0.044	30.928	0.000
MATH3	2.275	0.049	46.542	0.000
MATH4	3.071	0.040	76.171	0.000
MATH5	4.000	0.000	999.000	999.000

由上表輸出結果可以得知 Math2（1→1.369）、Math3（2→2.275）、Math4（3→3.071），與圖形輸出相類似。因為初始值的變異數是 0.582，所以初始值的標準差為 $\sqrt{0.582}=0.763$，如圖 5-17 所示。

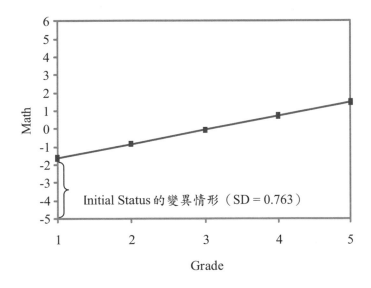

圖 5-17：初始變異情形示意圖

假設初始值符合常態分配，因此學生初始值的區間為 -3.11 至 -0.12，即 -1.612±1.96SD（95%信賴區間），所以加以計算信賴區間的上下限如下所示。上限為 -1.612 + 1.96 × 0.763 = -0.12，而下限則為 -1.612 - 1.96 × 0.763 = -3.11。也就是 ±1 個標準差佔了 68% 是位於 -0.12 到 -3.11 之間。相同地，斜率的標準差為 0.152（$\sqrt{0.023}=0.152$），如圖 5-18 所示。

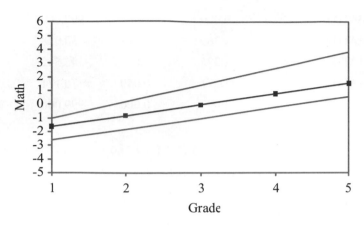

圖 5-18：初始值與斜率表徵之示意圖

斜率的標準差為 0.152，表示學生的斜率有低至 0.48 也可能高至 1.07。上限為 $0.773 + 1.96 \times 0.152 = 1.07$，而下限為 $0.773 - 1.96 \times 0.152 = 0.48$，亦即有 68%個人的斜率是介於 0.48 至 1.07 之間。此成長模型的模式適合度情形如下所示。

```
MODEL FIT INFORMATION

Number of Free Parameters                    10

Loglikelihood

     H0 Value                          -1642.330

     H1 Value                          -1573.838

Information Criteria

     Akaike (AIC)                       3304.660

     Bayesian (BIC)                     3341.698

     Sample-Size Adjusted BIC           3309.984

       (n* = (n + 2) / 24)

Chi-Square Test of Model Fit

     Value                               136.984

     Degrees of Freedom                       10

     P-Value                              0.0000
```

RMSEA (Root Mean Square Error of Approximation)

    Estimate　　　　　　　　　　　　　　0.206　< 0.08 is better

    90 Percent C.I.　　　　　　　　　　　0.176　　　　0.237

    Probability RMSEA <= 0.05　　　　　0.000

CFI/TLI

    CFI　　　　　　　　　　　　　　　　0.888　> 0.950 is better

    TLI　　　　　　　　　　　　　　　　0.888　> 0.950 is better

Chi-Square Test of Model Fit for the Baseline Model

    Value　　　　　　　　　　　　　　　1146.272

    Degrees of Freedom　　　　　　　　　10

    P-Value　　　　　　　　　　　　　　0.0000

SRMR (Standardized Root Mean Square Residual)

    Value　　　　　　　　　　　　　　　0.139　< 0.05 is better

　　總體來說，這個線性成長模型並未適配。因為，RMSEA = 0.206（< 0.08）、CFI = 0.888（> 0.95）、TLI = 0.888（> 0.95）、SRMR = 0.139（< 0.05），所以資料並未適配此模型。而這個模式在 HLM 中稱為 uncondition model。

5.4
具共變數的線性成長模型

　　接下來將分析具有共變數的線性成長模型（linear growth model with covariates），接續上面的例子，學生不同型式的成長率和起始點下的成長模型如圖 5-19 所示。圖 5-19 的共變數線性成長模型具有三個預測變項，由圖中可以發現不同類別的學生具有不同的成長比率以及初始值。

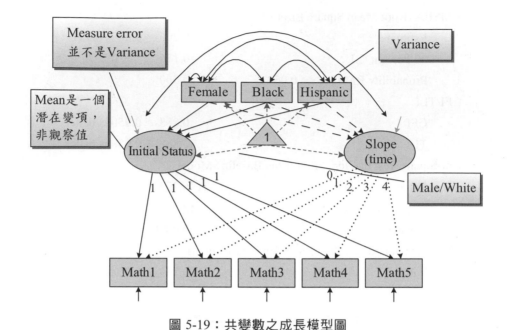

圖 5-19：共變數之成長模型圖

HLM 分析中稱此為條件模式（conditional model），下述的程式即是以 Mplus 來進行條件模式的參數估計。

DATA:
  FILE IS "mplus_51.dat";
VARIABLE:
  NAMES ARE math1 math2 math3 math4 math5 female black hispanic;
  USEVARIABLES ARE math1 math2 math3 math4 math5 female black hispanic;
MODEL:
  ini by math1-math5@1;
  slope by math1@0 math2@1 math3@2 math4@3 math5@4;
  ini on female black hispanic;
  slope on female black hispanic;
  [math1-math5@0];
  [ini slope];

OUTPUT: tech4;

以下則為 Mplus 的參數估計結果。

MODEL RESULTS

	Estimate	S.E.	Est./S.E.	Two-Tailed P-Value
INI BY				
MATH1	1.000	0.000	999.000	999.000
MATH2	1.000	0.000	999.000	999.000
MATH3	1.000	0.000	999.000	999.000
MATH4	1.000	0.000	999.000	999.000
MATH5	1.000	0.000	999.000	999.000
SLOPE BY				
MATH1	0.000	0.000	999.000	999.000
MATH2	1.000	0.000	999.000	999.000
MATH3	2.000	0.000	999.000	999.000
MATH4	3.000	0.000	999.000	999.000
MATH5	4.000	0.000	999.000	999.000
INI ON				
FEMALE	-0.119	0.101	-1.185	0.236
BLACK	-0.486	0.121	-4.020	0.000
HISPANIC	-0.585	0.169	-3.458	0.001
SLOPE ON				
FEMALE	0.042	0.026	1.664	0.096
BLACK	-0.061	0.031	-1.992	0.046
HISPANIC	0.018	0.043	0.428	0.669
SLOPE WITH				
INI	0.007	0.012	0.561	0.575
Intercepts				
MATH1	0.000	0.000	999.000	999.000
MATH2	0.000	0.000	999.000	999.000
MATH3	0.000	0.000	999.000	999.000
MATH4	0.000	0.000	999.000	999.000

初始值與斜率的共變數效果

MATH5	0.000	0.000	999.000	999.000
INI	-1.159	0.120	-9.635	0.000
SLOPE	0.785	0.031	25.648	0.000

是截距（intercept）不是平均值（mean）

Residual Variances

MATH1	0.427	0.050	8.587	0.000
MATH2	0.263	0.030	8.786	0.000
MATH3	0.378	0.036	10.371	0.000
MATH4	0.211	0.025	8.536	0.000
MATH5	0.163	0.030	5.366	0.000
INI	0.534	0.062	8.640	0.000
SLOPE	0.021	0.004	4.935	0.000

Initial Status 與 Slope 的殘差變異數

可以將估計結果整理成圖 5-20 至圖 5-24，以下將逐一說明各個圖形的參數估計情形。

圖 5-20 為結構模型中初始值以及斜率值的代表示意圖。

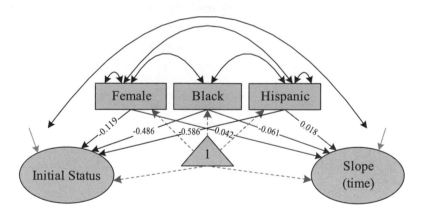

圖 5-20

圖 5-21 是加上初始值以及斜率的截距參數估計結果。

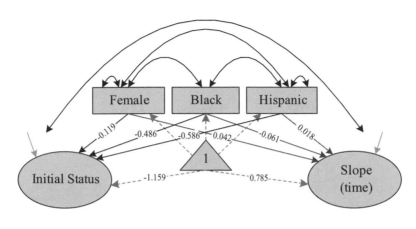

圖 5-21

圖 5-22 是加上初始值以及斜率的殘差變異。

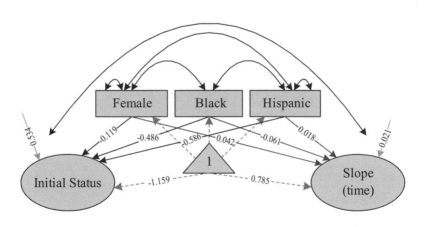

圖 5-22

圖 5-23 是加上初始值以及斜率的相關部分 0.007。

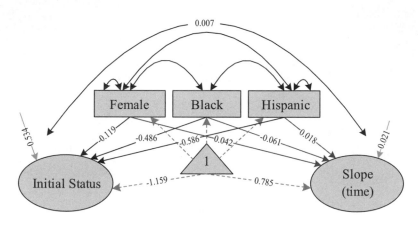

圖 5-23

圖 5-24 則是加上對於三個不同類別變項的因素負荷量。將上述的分析結果整理成表 5-1 潛在成長模型的估計結果一覽表。

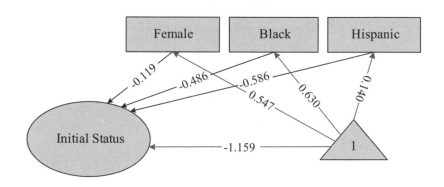

圖 5-24：三個不同類別變項因素負荷量結構圖

表 5-1：具共變數的線性成長模型估計結果一覽表

參數	估計值	SE
Initial Status	-1.159*	0.120
Female	-0.119	0.101
Black	-0.486*	0.121
Hispanic	-0.586*	0.169
Slope	0.785*	0.031
Female	0.042*	0.026
Black	-0.061*	0.031
Hispanic	0.018	0.043
Variance of Initial	0.534*	0.062
Variance of Slope	0.021*	0.004
Covariance of Ini & Slope	0.007	0.012

* 達顯著水準

　　在適配度指標中 $\chi^2(19) = 147.02$（$p < 0.001$）、CFI = 0.890、RMSEA = 0.150（0.128-0.173）、SRMR = 0.095、AIC = 3283.81、BIC = 3343.07。

　　其中參數估計值所代表的意涵如下所述。

1. -1.159 與 0.785 是白種男學生（Male/White）的初始值和斜率的平均數。

2. -0.119 表示女學生與男學生相較有較小的平均數。

3. -0.486 表示黑色人種與非黑色人種相較有較小的平均數（達顯著）。

4. -0.586 表示西班牙裔與非西班牙裔相較有較小的平均數（達顯著）。

5. 0.042 表示女生與男生相較呈正相關（斜率為正，達顯著）。

6. -0.061 表示黑色人種與非黑色人種相較呈負相關（斜率為負，達顯著）。

7. 0.018 表示西班牙裔與非西班牙裔相較呈正相關（斜率為正，未顯
著）。

將上述的參數估計結果初始值以及斜率整理如下述方程式，並整理成
表 5-2。

$$\widehat{\text{Ini}} = b_0 + b_1 \times \text{Female} + b_2 \times \text{Black} + b_3 \times \text{Hispanic}$$

$$\widehat{\text{Slope}} = b_0 + b_1 \times \text{Female} + b_2 \times \text{Black} + b_3 \times \text{Hispanic}$$

表 5-2：具共變數的線性成長模型估計各時間資料結果一覽表

截距	斜率		0	1	2	3	4
-1.159	0.785	Male/White	-1.15900	-0.37400	0.41100	1.19600	1.98100
-1.278	0.827	Female/White	-2.06882	-1.45259	-0.83637	-0.22014	0.396085
-1.645	0.724	Male/Black	-2.78302	-2.29928	-1.81555	-1.33181	-0.84807
-1.764	0.766	Female/Black	-3.34367	-2.96394	-2.5842	-2.20447	-1.82474
-1.744	0.803	Male/Hispanic	-3.78378	-3.48569	-3.1876	-2.88951	-2.59142
-1.863	0.845	Female/Hispanic	-4.12927	-3.89527	-3.66127	-3.42727	-3.19326

亦可將所有可能的迴歸線利用圖形表示，如圖 5-25。

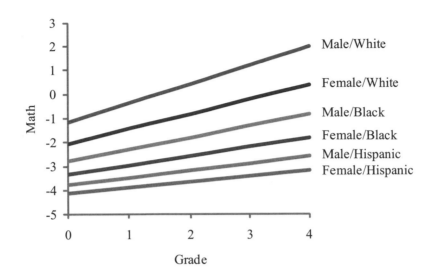

圖 5-25：具共變數的線性成長模型估計結果

估計參數之結果的意涵如下所述。

一、初始狀態與斜率的平均數

　　初始狀態與斜率的平均數（means of initial status and slope）中，-1.159 是 Initial Status 的截距（直接效果），同時它也是白種男生 Initial Status 的平均數。什麼是所有學生 Initial Status 的平均數呢（不分性別以及種族）？初始狀態的平均數就等於直接效果乘以間接效果。這三個值（0.547、0.630、0.140）是這三個共變數的簡單平均數。

　　所有學生在 Initial Status 的平均數為 -1.159＋(-0.119)×(0.547)＋(-0.486)×(0.630)＋(-0.586)×(0.140)＝-1.612。

　　利用這簡單的方法，可以計算所有學生在斜率上的平均數。

　　0.785＋(0.042×0.547)＋(-0.061×0.630)＋(0.018×0.140)＝0.772

　　若需要在 Mplus 中呈現的話，可以加入 Tech4 選項在 OUTPUT 指令

中，即可輸出所有學生在 Initial Status 和斜率的平均數，下述結果即是利用 Mplus 在 OUTPUT 部分加上 Tech4 的輸出資料。

TECHNICAL 4 OUTPUT
ESTIMATES DERIVED FROM THE MODEL
ESTIMATED MEANS FOR THE LATENT VARIABLES

	INI	SLOPE	FEMALE	BLACK	HISPANIC
1	-1.612	0.772	0.547	0.630	0.140

ESTIMATED COVARIANCE MATRIX FOR THE LATENT VARIABLES

	INI	SLOPE	FEMALE	BLACK	HISPANIC
INI	0.582				
SLOPE	0.009	0.023			
FEMALE	-0.024	0.009	0.248		
BLACK	-0.063	-0.015	0.016	0.233	
HISPANIC	-0.025	0.007	-0.023	-0.088	0.120

ESTIMATED CORRELATION MATRIX FOR THE LATENT VARIABLES

	INI	SLOPE	FEMALE	BLACK	HISPANIC
INI	1.000				
SLOPE	0.082	1.000			
FEMALE	-0.062	0.122	1.000		
BLACK	-0.172	-0.208	0.065	1.000	
HISPANIC	-0.094	0.126	-0.134	-0.526	1.000

這個關鍵字（Tech4）同時也提供所有潛在變項間的共變數以及相關係數（軌跡是變異數，其餘兩兩之間表示是相關係數）。

ESTIMATED MEANS FOR THE LATENT VARIABLES

	INI	SLOPE	FEMALE	BLACK	HISPANIC
1	-1.612	0.772	0.547	0.630	0.140

1. FEMALE→0.547，代表FEMALE佔了全部的54.7%（164/300＝54.7%）。

2. BLACK→0.630，代表BLACK佔了全部的63.0%（189/300＝63.0%）。

3. HISPANIC→0.140，代表 HISPANIC 佔了全部的 14.0%（42/300 ＝ 14.0%）。

二、更改時間上的編碼

更改時間的編碼表（0、1、2、3、4→-1、-2、0、1、2→0、1、4、9、16→…），成長模型比較不像一般結構方程模式從初始模式（完整模式）為基準比較，而應該是以所有的時間點都沒有成長為基準點來比較才合理。

當蒐集第一波資料時，初始狀態無法代表時間的參考點（如同在HLM中）。其餘各個時間點（例如五年級這個時間點）可以選擇是「初始狀態」或者是 0 時間點。在時間上不同的編碼不會影響到整體的模式適配情形，然而，它會改變在各個時間所估計的參數意義。

-2、-1、0、1、2 與 0、1、2、3、4 的平均數就是（從原來 3 的位置移到 0 的位置，而 0 的位置就是初始值的平均數）-1.612＋0.773 × 2 = -0.066。例如要將五年級的中心點移至最後的話，這個編碼就會變成 -4、-3、-2、-1、0。

三、二次成長模型

二次成長模型（quadratic growth modeling）簡單的來講是斜率的斜率，亦即斜率的改變情形，例如有五個時間點，第 0 與第 1 個時間點的斜率為 S_{01}，第 1 個時間點與第 2 個時間點的斜率為 S_{12}，則二次成長即代表 $RS_1 = S_{12} - S_{01}$、$RS_2 = S_{23} - S_{12}$，以此類推。二次成長模型非常類似於多元迴歸的模式，當線性模式不足以描述個人成長趨勢時，而一個非線性的模式在實質上具有其意義時，即可選擇非線性的模式，其中二次成長模型就是可選擇的模式之一。

二次成長模型在成長的曲線中具有一個「彎曲」（bend）之處，而這個彎曲之處可能是向上或者是向下，向上時稱為凹向上，向下時則為凹向下。圖 5-26 即可能是一種二次曲線。

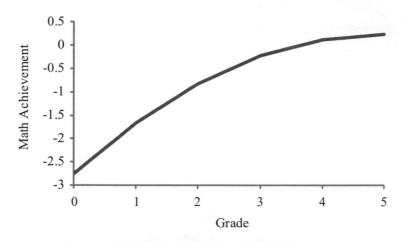

圖 5-26：二次成長模型示意圖

若以上述資料來進行潛在成長模型中二次成長模型，則可以表示如圖 5-27。

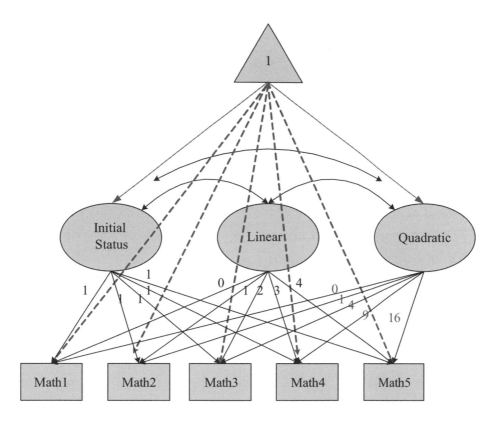

圖 5-27：潛在成長模型中二次成長模型示意圖

其中 Initial = int_{ini} + D_{ini}、Linear = int_{linear} + D_{linear}、Quad = int_{quad} + D_{quad}，而成長模型中的方程式可以表示如下。

Math1 = ini + (linear)× 0 + (quad)× 0 + e1

Math2 = ini + (linear)× 1 + (quad)× 1 + e2

Math3 = ini + (linear)× 2 + (quad)× 4 + e3

Math4 = ini + (linear)× 3 + (quad)× 9 + e4

Math5 = ini + (linear)× 4 + (quad)× 16 + e5

自由度為 20－14＝6，以上成長模型自由度的計算結果如下所述。

1. 共變數變異數結構

共變數變異數結構的參數空間為 $5 \times 6/2 = 15$，五個測量誤差（measurement error），三個潛在變項的共變數，三個潛在變項的變異數，所以自由度為 $15 - (5 + 3 + 3) = 15 - 11 = 4 > 0$，所以可以辨識。

2. 平均結構的參數

參數空間為 5（因為有五個觀察變項），其中有三個潛在變項，所以自由度為 $df = 5 - 3 = 2 > 0$，因此可以辨識，所以總自由度為 $4 + 2 = 6$。

自由度亦可以計算為 $5 \times (5+3)/2 = 5 \times 4 = 20$，$20 - (5 + 3 + 3 + 3) = 20 - 14 = 6$，所以總自由度為六個。

為什麼平均結構需要將對觀察變項的平均數固定為 0？主要有二個理由，第一是因為辨識的問題，若對觀察變項的平均數估計再加上潛在變項的平均數的話，自由度會小於 0，無法辨識。另外一個理由主要是直接效果量與間接效果量，因為所有潛在變項對於觀察值的初始值固定為 1，所以雖是間接效果量亦可以如同平均數結構中對於觀察變項的平均效果（直接），所以不用多此一舉，雖然是平均數結構對於潛在變項的平均數估計再加上潛在變項對於觀察變項的效果為總效果，但因為潛在變項對於觀察變項的負荷量定為 1，所以就如同直接效果。

Math1 = Ini $\times$ 1 + (linear) $\times$ 0 + (quad) $\times$ 0 + e1
自由度 $df = 20 - 14 = 6$

Level1$\rightarrow$
Math1= ini + (linear) $\times$ 0 + (quad) $\times$ 0 + e1
Math2= ini + (linear) $\times$ 1 + (quad) $\times$ 1 + e2
Math3= ini + (linear) $\times$ 2 + (quad) $\times$ 4 + e3
Math4= ini + (linear) $\times$ 3 + (quad) $\times$ 9 + e4
Math5= ini + (linear) $\times$ 4 + (quad) $\times$ 16 + e5

Level2→

Initial = int_{ini} + D_{ini}

Linear = int_{linear} + D_{linear}

Quad = int_{quad} + D_{quad}

利用 Mplus 來進行二次成長模型的程式如下所示。

DATA:
　FILE IS "mplus_51.dat";
VARIABLE:
　NAMES ARE math1 math2 math3 math4 math5 female black hispanic;
　USEVARIABLES ARE math1 math2 math3 math4 math5;
MODEL:
　int by math1-math5@1;
　linear by math1@0 math2@1 math3@2 math4@3 math5@4;
　quad by math1@0 math2@1 math3@4 math4@9 math5@16;
　[math1-math5@0];
　[int linear quad];
OUTPUT: stdyx tech4;

　　其中 quad by math1@0 math2@1 math3@4 math4@9 math5@16 是表示加上二次成長曲線模式的預測公式，而且需要再估計二次成長曲線的截距項。估計結果如下所示，首先呈現的是模式適配的情形。

MODEL FIT INFORMATION
Number of Free Parameters　　　　　　　14
Loglikelihood
　　H0 Value　　　　　　　　　　-1602.514
　　H1 Value　　　　　　　　　　-1573.838

Information Criteria

Akaike (AIC)	3233.028
Bayesian (BIC)	3284.881
Sample-Size Adjusted BIC	3240.481
$(n^* = (n + 2) / 24)$	

Chi-Square Test of Model Fit

Value	57.352
Degrees of Freedom	6
P-Value	0.0000

RMSEA (Root Mean Square Error of Approximation)

Estimate	0.169	
90 Percent C.I.	0.131	0.210
Probability RMSEA <= 0.05	0.000	

CFI/TLI

CFI	0.955
TLI	0.925

Chi-Square Test of Model Fit for the Baseline Model

Value	1146.272
Degrees of Freedom	10
P-Value	0.0000

SRMR (Standardized Root Mean Square Residual)

Value	0.049

　　由上述的估計結果可以發現，模型適配性指標中卡方值 = 57.352、自由度為 6、$p < 0.001$，達顯著差異，CFI = 0.955 > 0.95、RMSEA = 0.169 > 0.08、SRMR = 0.049 < 0.05、AIC = 3233.028、ABIC = 3240.481，上述的適配情形中仍有少部分未達理想的適配。

　　模式參數估計之比較如下所示。

MODEL RESULTS	Estimate	S.E.	Est./S.E.	Two-Tailed P-Value	STDYX Standardization	Estimate	S.E.	Est./S.E.	Two-Tailed P-Value
INT BY					INT BY				
MATH1	1.000	0.000	999.000	999.000	MATH1	0.798	0.050	16.100	0.000
MATH2	1.000	0.000	999.000	999.000	MATH2	0.716	0.048	15.043	0.000
MATH3	1.000	0.000	999.000	999.000	MATH3	0.635	0.049	12.916	0.000
MATH4	1.000	0.000	999.000	999.000	MATH4	0.644	0.053	12.261	0.000
MATH5	1.000	0.000	999.000	999.000	MATH5	0.686	0.055	12.568	0.000
LINEAR BY					LINEAR BY				
MATH1	0.000	0.000	999.000	999.000	MATH1	0.000	0.000	999.000	999.000
MATH2	1.000	0.000	999.000	999.000	MATH2	0.477	0.058	8.200	0.000
MATH3	2.000	0.000	999.000	999.000	MATH3	0.848	0.103	8.239	0.000
MATH4	3.000	0.000	999.000	999.000	MATH4	1.289	0.156	8.250	0.000
MATH5	4.000	0.000	999.000	999.000	MATH5	1.830	0.237	7.728	0.000
QUAD BY					QUAD BY				
MATH1	0.000	0.000	999.000	999.000	MATH1	0.000	0.000	999.000	999.000
MATH2	1.000	0.000	999.000	999.000	MATH2	0.094	0.015	6.417	0.000
MATH3	4.000	0.000	999.000	999.000	MATH3	0.333	0.052	6.395	0.000
MATH4	9.000	0.000	999.000	999.000	MATH4	0.760	0.117	6.502	0.000
MATH5	16.000	0.000	999.000	999.000	MATH5	1.439	0.238	6.055	0.000
LINEAR WITH					LINEAR WITH				
INT	0.052	0.054	0.960	0.337	INT	0.156	0.183	0.854	0.393
QUAD WITH					QUAD WITH				
INT	-0.015	0.011	-1.451	0.147	INT	-0.237	0.192	-1.235	0.217
LINEAR	-0.041	0.012	-3.511	0.000	LINEAR	-0.941	0.021	-44.599	0.000

潛在變項兩兩之間的共變數（相關）　　潛在變項兩兩之間的相關係數（標準化之後共變數變成相關係數）

Means					Means				
INT	-1.751	0.052	-33.965	0.000	INT	-2.487	0.197	-12.603	0.000
LINEAR	0.980	0.044	22.462	0.000	LINEAR	2.087	0.269	7.755	0.000
QUAD	-0.047	0.009	-4.967	0.000	QUAD	-0.508	0.132	-3.861	0.000

潛在變項估計出來的 Mean

**潛在變項標準化的平均數（其實這沒有多大的意義，不用理會它）

Quad 為負的值，代表斜率會來會平緩，所以斜率相對地會愈來愈小，所以為負值

Intercepts					Intercepts				
MATH1	0.000	0.000	999.000	999.000	MATH1	0.000	0.000	999.000	999.000
MATH2	0.000	0.000	999.000	999.000	MATH2	0.000	0.000	999.000	999.000
MATH3	0.000	0.000	999.000	999.000	MATH3	0.000	0.000	999.000	999.000
MATH4	0.000	0.000	999.000	999.000	MATH4	0.000	0.000	999.000	999.000
MATH5	0.000	0.000	999.000	999.000	MATH5	0.000	0.000	999.000	999.000

Variances				
INT	0.496	0.078	6.372	0.000
LINEAR	0.221	0.055	3.992	0.000
QUAD	0.009	0.003	3.144	0.002

潛在變項的變異數

Residual Variances				
MATH1	0.283	0.062	4.537	0.000
MATH2	0.252	0.029	8.571	0.000
MATH3	0.282	0.033	8.552	0.000
MATH4	0.193	0.027	7.095	0.000
MATH5	0.147	0.053	2.748	0.006

Variances				
INT	1.000	0.000	999.000	999.000
LINEAR	1.000	0.000	999.000	999.000
QUAD	1.000	0.000	999.000	999.000

潛在變項的變異數標準化之後即為 1

Residual Variances				
MATH1	0.364	0.079	4.600	0.000
MATH2	0.260	0.028	9.128	0.000
MATH3	0.230	0.028	8.078	0.000
MATH4	0.162	0.023	7.179	0.000
MATH5	0.139	0.051	2.726	0.006

標準化與原始估計值，大家比較有興趣的還是在於原始資料，標準化的資料其實意義不大。Quad 為負的值，代表斜率會來會平緩，所以斜率相對地會愈來愈小，所以為負值，這就是 Level2 的 D 值。上面列表總共會有十四個估計變項（加框）。

由參數估計結果中 INI = -1.751、LINEAR = 0.980、Quad = -0.047 等代入預測公式即可得到如下的結果。

$$Math1 = -1.751 + (0.980) \times 0 + (-0.047) \times 0 + e1$$

$$Math2 = -1.751 + (0.980) \times 1 + (-0.047) \times 1 + e2$$

$$Math3 = -1.751 + (0.980) \times 2 + (-0.047) \times 4 + e3$$

$$Math4 = -1.751 + (0.980) \times 3 + (-0.047) \times 9 + e4$$

$$Math5 = -1.751 + (0.980) \times 4 + (-0.047) \times 16 + e5$$

可將上述之所有時間點的值繪製成圖 5-28。

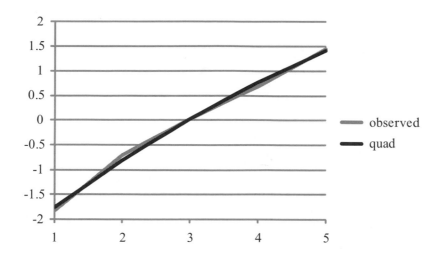

圖 5-28：二次成長曲線迴歸示意圖

當線性和二次成長都包括在成長模型之中，可能會有多元共線性的問題，而造成兩兩之間的相關太高，此時可利用因素分數來解決多元共線性的問題。

$$y = b_0 + b_1 x + b_2 x^2 \rightarrow y = b_0 + b_1(x - \bar{x}) + b_2(x - \bar{x})^2$$
$(x - \bar{x}) \rightarrow$ 因素分數（Factor Score）

改變成長模型時間的編碼可以減少線性與二次成長項目高相關的問題，在以下的範例中，將中心化的時間點放在平均數上（三年級），所以此時初始值變成學生在三年級數學成就的平均數，如圖 5-29。

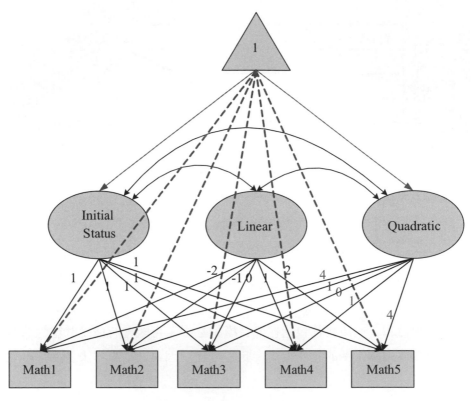

圖 5-29：趨中成長模型示意圖

此時，線性與二次在不同時間負荷量的表示傾向於正交（直交）。

Initial = int_{ini} + D_{ini}

Linear = int_{linear} + D_{linear}

Quad = int_{quad} + D_{quad}

Math1 = ini + (linear) × (-2) + (quad) × 4 + e1

Math2 = ini + (linear) × (-1) + (quad) × 1 + e2

Math3 = ini + (linear) × (0) + (quad) × 0 + e3→假設考驗三年級的平均數為 0

Math4 = ini + (linear) × 1 + (quad) × 1 + e4

Math5 = ini + (linear) × 2 + (quad) × 4 + e5

　　利用 Mplus 更改時間的編碼，亦即將三年級數學的平均數定為 0，而編碼從原來的 0、1、2、3、4 改為-2、-1、0、1、2，程式如下所示。

DATA:
　FILE IS "mplus_51.dat";
VARIABLE:
　NAMES ARE math1 math2 math3 math4 math5 female black hispanic;
　USEVARIABLES ARE math1 math2 math3 math4 math5;
MODEL:
　int by math1-math5@1;
　linear by math1@-2 math2@-1 math3@0 math4@1 math5@2;
　quad by math1@4 math2@1 math3@0 math4@1 math5@4;
　[math1-math5@0];
　[int linear quad];
OUTPUT: stdyx tech4;

　　因此上述中線性需改為-2、-1、0、1、2，此時則在 Mplus 的程式中為 linear by math1@-2 math2@-1 math3@0 math4@1 math5@2；至於二次成長的部分則需修改為 quad by math1@4 math2@1 math3@0 math4@1 math5@4。此時估計結果如下所示，首先呈現的是適配性情形。

MODEL FIT INFORMATION

Number of Free Parameters　　　　　　14
Loglikelihood
　　H0 Value　　　　　　　　　　-1602.514
　　H1 Value　　　　　　　　　　-1573.838
Information Criteria
　　Akaike (AIC)　　　　　　　　3233.028
　　Bayesian (BIC)　　　　　　　3284.881
　　Sample-Size Adjusted BIC　　　3240.481

$$(n^* = (n + 2) / 24)$$

Chi-Square Test of Model Fit

Value	57.352
Degrees of Freedom	6
P-Value	0.0000

RMSEA (Root Mean Square Error of Approximation)

Estimate	0.169	
90 Percent C.I.	0.131	0.210
Probability RMSEA <= 0.05	0.000	

CFI/TLI

CFI	0.955
TLI	0.925

Chi-Square Test of Model Fit for the Baseline Model

Value	1146.272
Degrees of Freedom	10
P-Value	0.0000

SRMR (Standardized Root Mean Square Residual)

Value	0.049

　　整理適配性指標中，卡方值為 57.352、自由度為 6、$p < 0.001$，達顯著性的差異，亦即資料並不適配此模式，又從其他的適配性指標 CFI = 0.955 > 0.95、RMSEA = 0.169 > 0.08、SRMR = 0.049 < 0.05、AIC = 3233.028、ABIC = 3240.481 中，可以得知部分的適配性指標並未達理想的適配。不過與上例未調整趨中的模式相較，其模式適配性指標一致並未改變，參數估計的結果比較如下。

MODEL RESULTS					STDYX Standardization				
				Two-Tailed					Two-Tailed
	Estimate	S.E.	Est./S.E.	P-Value		Estimate	S.E.	Est./S.E.	P-Value
INT BY					INT BY				
MATH1	1.000	0.000	999.000	999.000	MATH1	1.102	0.056	19.801	0.000
MATH2	1.000	0.000	999.000	999.000	MATH2	0.989	0.025	39.276	0.000
MATH3	1.000	0.000	999.000	999.000	MATH3	0.877	0.016	54.090	0.000
MATH4	1.000	0.000	999.000	999.000	MATH4	0.890	0.018	49.570	0.000
MATH5	1.000	0.000	999.000	999.000	MATH5	0.948	0.037	25.807	0.000
LINEAR BY					LINEAR BY				
MATH1	-2.000	0.000	999.000	999.000	MATH1	-0.396	0.037	-10.691	0.000
MATH2	-1.000	0.000	999.000	999.000	MATH2	-0.178	0.016	-10.930	0.000
MATH3	0.000	0.000	999.000	999.000	MATH3	0.000	0.000	999.000	999.000
MATH4	1.000	0.000	999.000	999.000	MATH4	0.160	0.014	11.821	0.000
MATH5	2.000	0.000	999.000	999.000	MATH5	0.341	0.028	12.049	0.000
QUAD BY					QUAD BY				
MATH1	4.000	0.000	999.000	999.000	MATH1	0.418	0.069	6.023	0.000
MATH2	1.000	0.000	999.000	999.000	MATH2	0.094	0.015	6.417	0.000
MATH3	0.000	0.000	999.000	999.000	MATH3	0.000	0.000	999.000	999.000
MATH4	1.000	0.000	999.000	999.000	MATH4	0.084	0.013	6.503	0.000
MATH5	4.000	0.000	999.000	999.000	MATH5	0.360	0.059	6.055	0.000
LINEAR WITH					LINEAR WITH				
INT	0.078	0.014	5.410	0.000	INT	0.460	0.074	6.181	0.000
QUAD WITH					QUAD WITH				
INT	-0.063	0.011	-5.490	0.000	INT	-0.701	0.088	-7.992	0.000
LINEAR	-0.007	0.003	-2.023	0.043	LINEAR	-0.416	0.210	-1.983	0.047
Means					Means				
INT	0.022	0.060	0.364	0.716	INT	0.022	0.062	0.364	0.716
LINEAR	0.793	0.014	57.169	0.000	LINEAR	4.533	0.380	11.920	0.000
QUAD	-0.047	0.009	-4.967	0.000	QUAD	-0.508	0.132	-3.861	0.000
Intercepts					Intercepts				
MATH1	0.000	0.000	999.000	999.000	MATH1	0.000	0.000	999.000	999.000
MATH2	0.000	0.000	999.000	999.000	MATH2	0.000	0.000	999.000	999.000
MATH3	0.000	0.000	999.000	999.000	MATH3	0.000	0.000	999.000	999.000
MATH4	0.000	0.000	999.000	999.000	MATH4	0.000	0.000	999.000	999.000
MATH5	0.000	0.000	999.000	999.000	MATH5	0.000	0.000	999.000	999.000
Variances					Variances				
INT	0.946	0.088	10.736	0.000	INT	1.000	0.000	999.000	999.000
LINEAR	0.031	0.005	5.899	0.000	LINEAR	1.000	0.000	999.000	999.000
QUAD	0.009	0.003	3.144	0.002	QUAD	1.000	0.000	999.000	999.000

Residual Variances					Residual Variances				
MATH1	0.283	0.062	4.537	0.000	MATH1	0.364	0.079	4.600	0.000
MATH2	0.252	0.029	8.571	0.000	MATH2	0.260	0.028	9.128	0.000
MATH3	0.282	0.033	8.552	0.000	MATH3	0.230	0.028	8.078	0.000
MATH4	0.193	0.027	7.095	0.000	MATH4	0.162	0.023	7.179	0.000
MATH5	0.147	0.053	2.748	0.006	MATH5	0.139	0.051	2.726	0.006

下述是潛在變項兩兩之間的共變數（相關）情形。

Means				
INT	-1.751	0.052	-33.965	0.000
LINEAR	0.980	0.044	22.462	0.000
QUAD	-0.047	0.009	-4.967	0.000

潛在變項估計出來的平均數 $0.022 = -1.751 + 0.980 \times 2 + (-0.047) \times 4$（這就是以三年級的平均數為起始點來估計，因為三年級在第一次計算成長模型原始的時間點為 2，而現在調整為 0→就是平均數的意思）。

時間編碼改變，在相同的模式中，初始值會改變，線性會改變，但是二次並不會改變。

中心化前後之模式比較如下所示。

未中心化前

TECHNICAL 4 OUTPUT

ESTIMATES DERIVED FROM THE MODEL

ESTIMATED MEANS FOR THE LATENT VARIABLES

	INT	LINEAR	QUAD
1	-1.751	0.980	-0.047

ESTIMATED COVARIANCE MATRIX FOR THE LATENT VARIABLES

	INT	LINEAR	QUAD
INT	0.496		
LINEAR	0.052	0.221	
QUAD	-0.015	-0.041	0.009

以中點為中心點

TECHNICAL 4 OUTPUT

ESTIMATES DERIVED FROM THE MODEL

ESTIMATED MEANS FOR THE LATENT VARIABLES

	INT	LINEAR	QUAD
1	0.022	0.793	-0.047

ESTIMATED COVARIANCE MATRIX FOR THE LATENT VARIABLES

	INT	LINEAR	QUAD
INT	0.946		
LINEAR	0.078	0.031	
QUAD	-0.063	-0.007	0.009

ESTIMATED CORRELATION MATRIX FOR THE LATENT VARIABLES

	INT	LINEAR	QUAD
INT	1.000		
LINEAR	0.156	1.000	
QUAD	-0.237	-0.941	1.000

ESTIMATED CORRELATION MATRIX FOR THE LATENT VARIABLES

	INT	LINEAR	QUAD
INT	1.000		
LINEAR	0.460	1.000	
QUAD	-0.701	-0.416	1.000

以上的比較顯示時間點在不同的編碼下會有不同的估計參數。

四、多階段成長模型

多階段成長模型（piecewise growth modeling）是將成長分成幾個階段，從線性中分成幾段成長軌跡，在幾個不同階段的成長中是一種有用的分析策略，可以用來比較不同階段的成長量是否相同。例如，研究者可能在成長的類型中，對於實驗介入前與實驗介入後的成長感到有趣。

在前述潛在成長模型的範例中，數學成就成長可分成二個成長階段，第一階段是一年級到三年級，第二階段是三年級到五年級，如圖 5-30 所示。

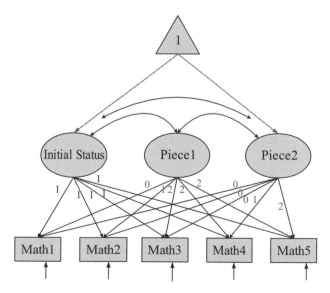

圖 5-30：分階段成長模型示意圖

$$\text{Math1} = \text{ini} + (\text{slope1}) \times 0 + (\text{slope2}) \times 0 + e1$$

$$\text{Math2} = \text{ini} + (\text{slope1}) \times 1 + (\text{slope2}) \times 0 + e2$$

$$\text{Math3} = \text{ini} + (\text{slope1}) \times 2 + (\text{slope2}) \times 0 + e3$$

$$\text{Math4} = \text{ini} + (\text{slope1}) \times 2 + (\text{slope2}) \times 1 + e4$$

$$\text{Math5} = \text{ini} + (\text{slope1}) \times 2 + (\text{slope2}) \times 2 + e5$$

其中 Slope2 的前三個 0，並非是真的 0，而是以三年級為起始點來估計斜率，因此上述潛在成長模型共有二個成長斜率，第一個階段是一年級到三年級（Slope1），而第二個階段則是三年級到五年級（Slope2）。

成長模型至少要有三個時間點，若實驗是有四個時間點的資料，可以將一到三個時間點估計為線性成長，而第四個時間點則開放估計，即可以知道保留的效果是如何。在 Mplus 中則是 piece2 by math1@0 math2@1 math3@2 math4；此即固定 Slope2（Piece2）在第一個到第三個時間點為線性成長 0、1、2（成長一個階段至少要三個時間點），而第二個階段則是開放估計，提供保留效果的證據。

成長模型到底是線性、二次曲線或者是多階段成長模型（piecewise growth modeling），主要是取決於研究上的假設，而研究上的假設則是來自於文獻上的支持。

例如也許可以分成低年級、中年級和高年級三個成長階段，或者是國小前（K）、國小階段、國中階段等三個時間點等等的區分，這都取決於研究上的假設。以下為多階段估計的程式範例。

```
DATA:
  FILE IS "mplus_51.dat";
VARIABLE:
  NAMES ARE math1 math2 math3 math4 math5 female black hispanic;
  USEVARIABLES ARE math1 math2 math3 math4 math5;
MODEL:
```

```
ini by math1-math5@1;
   piece1 by math1@0 math2@1 math3@2 math4@2 math5@2;
   piece2 by math1@0 math2@0 math3@0 math4@1 math5@2;
   [math1-math5@0];
   [ini piece1 piece2];
OUTPUT: STDYX TECH4;
```

　　由上述的程式中可以發現，在 Mplus 中撰寫多階段成長模型，可以利用第一階段一到三年級，piece1 by math1@0 math2@1 math3@2 math4@2 math5@2；第二階段三到五年級，piece2 by math1@0 math2@0 math3@0 math4@1 math5@2 來加以完成，輸出結果如下所示。首先呈現模式適配情形。

MODEL FIT INFORMATION

Number of Free Parameters	14

Loglikelihood

H0 Value	-1597.319
H1 Value	-1573.838

Information Criteria

Akaike (AIC)	3222.639
Bayesian (BIC)	3274.492
Sample-Size Adjusted BIC	3230.092
$(n^* = (n + 2) / 24)$	

Chi-Square Test of Model Fit

Value	46.963
Degrees of Freedom	6
P-Value	0.0000

RMSEA (Root Mean Square Error of Approximation)

Estimate	0.151	
90 Percent C.I.	0.112	0.192
Probability RMSEA <= 0.05	0.000	

CFI/TLI
    CFI   0.964
    TLI   0.940

Chi-Square Test of Model Fit for the Baseline Model
    Value   1146.272
    Degrees of Freedom   10
    P-Value   0.0000

SRMR (Standardized Root Mean Square Residual)
    Value   0.042

在上述模式的適配情形中，卡方值為 46.983、自由度為 6、$p < 0.001$、CFI = 0.964 > 0.95、RMSEA = 0.151 > 0.08、SRMR = 0.042 < 0.05、AIC = 3222.639、ABIC = 3230.092，由適配性指標來看，部分指標並未達到理想的適配情形。參數估計的資料輸出如下所示。

MODEL RESULTS（模式 3）

	Estimate	S.E.	Est./S.E.	Two-Tailed P-Value
INI BY				
MATH1	1.000	0.000	999.000	999.000
MATH2	1.000	0.000	999.000	999.000
MATH3	1.000	0.000	999.000	999.000
MATH4	1.000	0.000	999.000	999.000
MATH5	1.000	0.000	999.000	999.000
PIECE1 BY				
MATH1	0.000	0.000	999.000	999.000
MATH2	1.000	0.000	999.000	999.000
MATH3	2.000	0.000	999.000	999.000
MATH4	2.000	0.000	999.000	999.000
MATH5	2.000	0.000	999.000	999.000
PIECE2 BY				

MATH1	0.000	0.000	999.000	999.000
MATH2	0.000	0.000	999.000	999.000
MATH3	0.000	0.000	999.000	999.000
MATH4	1.000	0.000	999.000	999.000
MATH5	2.000	0.000	999.000	999.000
PIECE1 WITH				
INI	0.058	0.031	1.880	0.060

　　階段 1 與初始狀態的共變數若大於 0，則代表高能力者成長快，低能力者成長慢，反之則高能力者成長慢，低能力者成長快，不過因為未顯著，所以表示沒有此種情形，亦即無論能力高低，成長速率幾乎一樣，亦即無論是能力高低，其斜率幾乎是相同的（平行），可以畫圖來表示（利用殘差預測的分數）。

PIECE2 WITH				
INI	-0.054	0.019	-2.881	0.004
PIECE1	-0.033	0.015	-2.228	0.026

　　階段 2 與初始狀態的共變數若小於 0，則代表低能力者比高能力者成長快，高能力者成長慢，並且達顯著，所以若是實驗介入（三至五年級）則代表實驗的效果得到證明（高能力者為控制組，低能力者為實驗組，或者是此種介入的策略對於低能力者較有助益的效果都是很好的解釋）。

　　第一階段到第二階段的共變數小於 0（Cov = -0.033、p = 0.026 < 0.050），並且達顯著水準，代表第二階段與第三階段相較，低能力者成長快。

Means				
INI	-1.730	0.050	-34.284	0.000
PIECE1	0.888	0.029	31.024	0.000
PIECE2	0.696	0.022	31.030	0.000

Slop1 = 0.888，大於 0，所以代表第一階段斜率的成長為正向，也就是說愈來愈陡，愈來愈有效，年級愈大愈有效。

Slop2 = 0.696，大於 0，所以代表三年級到四年級斜率比四年級到五年級的斜率低，亦即年級愈大，斜率愈來愈大，愈有效。

五個預測點可以如下表示。

Ini = -1.730

Slop1 = Piece1 = 0.888

Slop2 = Piece2 = 0.696

Math1 = ini + (slope1) × 0 + (slope2) × 0 + e1

Math2 = ini + (slope1) × 1 + (slope2) × 0 + e2

Math3 = ini + (slope1) × 2 + (slope2) × 0 + e3

Math4 = ini + (slope1) × 2 + (slope2) × 1 + e4

Math5 = ini + (slope1) × 2 + (slope2) × 2 + e5

Math1 = -1.730 + 0.888 × 0 + 0.696 × 0

Math2 = -1.730 + 0.888 × 1 + 0.696 × 0

Math3 = -1.730 + 0.888 × 2 + 0.696 × 0

Math4 = -1.730 + 0.888 × 2 + 0.696 × 1

Math5 = -1.730 + 0.888 × 2 + 0.696 × 2

Intercepts				
MATH1	0.000	0.000	999.000	999.000
MATH2	0.000	0.000	999.000	999.000
MATH3	0.000	0.000	999.000	999.000
MATH4	0.000	0.000	999.000	999.000
MATH5	0.000	0.000	999.000	999.000
Variances				
INI	0.451	0.069	6.533	0.000
PIECE1	0.113	0.023	4.865	0.000
PIECE2	0.074	0.021	3.572	0.000

　　INI、PIECE1、PIECE2 三個變異數都不大，雖然達顯著，代表推翻虛無假設（與 0 相等），不同於 0，但三個變異數的標準差都很小，所以代表所有受試的數學成績這條預測線非常一致，大約相同。

Residual Variances

MATH1	0.324	0.056	5.780	0.000
MATH2	0.265	0.029	9.294	0.000
MATH3	0.199	0.040	5.010	0.000
MATH4	0.207	0.025	8.422	0.000
MATH5	0.109	0.044	2.447	0.014

　　在 SEM 估計潛在成長模型，每個觀察值都有一個測量誤差，但是在 HLM 估計的成長模型中，只有一個 Sigma Square（測量誤差），這是有所不同的，稍後會有 SEM 與 HLM 估計的比較。

　　若要比較模式，可以利用卡方值來比較模型是否有所差異，若達顯著，代表多階段的潛在成長模型（第二階段）的斜率並不和第一階段的斜率相同，因為第二階段主要是與第一階段比較斜率是否相同。所以 Slop2 = 0.696、$p < 0.0001$，代表斜率並不為 0，亦即與第一階段的斜率不同。所以這二種方法都可以作為證明第二階段與第一階段相較是否相同的證據。

　　χ^2 差異檢定可以利用下列公式加以比較模式的差異以及選擇最精簡模型。

$$\chi_{dif}^2 = \frac{\chi_{MLsimple}^2 - \chi_{MLcomplex}^2}{(c_{simple} \times df_{simple} - c_{complex} \times df_{complex})/(df_{simple} - df_{complex})}$$

　　以下的例子主要是在時間的編碼上由 0、1、2、3、4 與 0、1、2、2、2 或者是 0、0、0、1、2 等這二個模式相較。圖 5-31 為預測值與原始資料的比較圖。

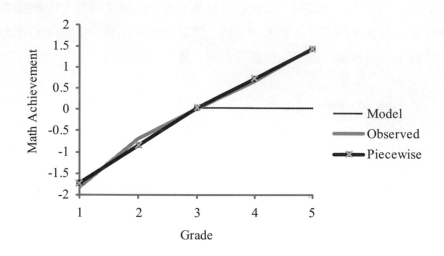

圖 5-31：預測值與原始資料比較圖

　　圖 5-32 可以由虛線（同一斜率）相較，知道第二階段的斜率（0.696）比第一階段的斜率（0.888）還小一點。

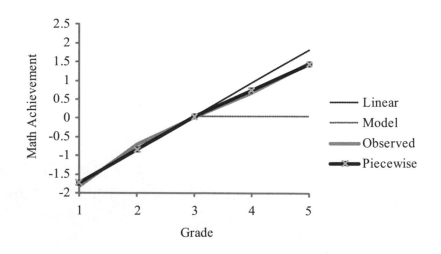

圖 5-32：線性、原始資料、二階段等模式比較圖

由圖 5-33 可知第一階段 Slop1 = 0.888，而第二階段的 Slop2 = 0.696。

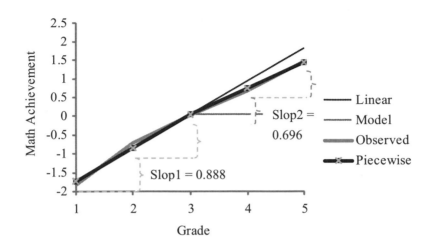

圖 5-33：線性、原始資料、二階段等模式斜率之比較圖

另一種處理多階段成長模型的方法是第一階段可以編碼為 0、1、2、3、4，而第二階段則可以編碼為 0、0、0、-1、-2，亦即如圖 5-34 所示。

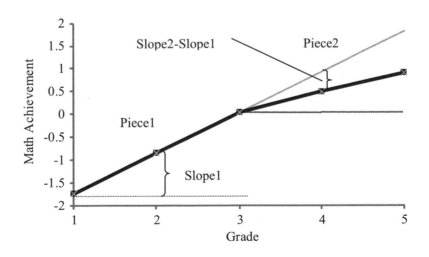

圖 5-34：多階段成長模型編碼示意圖

若是表徵在成長模型的示意圖中，即如圖 5-35 所示。

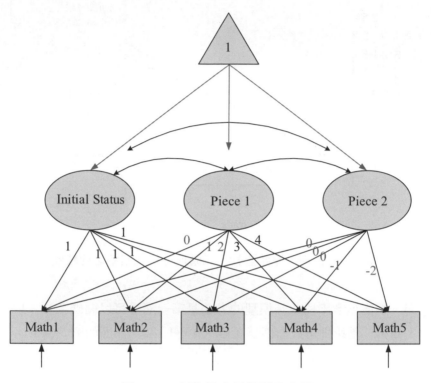

圖 5-35：多階段成長模型示意圖

Math1 = ini + (slope1) × 0 + (slope2) × 0 + e1

Math2 = ini + (slope1) × 1 + (slope2) × 0 + e2

Math3 = ini + (slope1) × 2 + (slope2) × 0 + e3

Math4 = ini + (slope1) × 3 + (slope2) × (-1) + e4

Math5 = ini + (slope1) × 4 + (slope2) × (-2) + e5

多階段成長模型在 Mplus 所撰寫的程式如下所示。

DATA:

　　FILE IS "mplus_51.dat";

VARIABLE:

　　NAMES ARE math1 math2 math3 math4 math5 female black hispanic;

　　USEVARIABLES ARE math1 math2 math3 math4 math5;

MODEL:

　　ini by math1-math5@1;

　　piece1 by math1@0 math2@1 math3@2 math4@3 math5@4;

　　piece2 by math1@0 math2@0 math3@0 math4@-1 math5@-2;

　　[math1-math5@0];

　　[ini piece1 piece2];

OUTPUT: STDYX TECH4;

　　上述 Mplus 的程式中，多階段主要是將二階段表示成 piece1 以及 piece2 二段程式，參數估計結果如下所示。

MODEL FIT INFORMATION

Number of Free Parameters   14

Loglikelihood

　　H0 Value   -1597.319

　　H1 Value   -1573.838

Information Criteria

　　Akaike (AIC)   3222.639

　　Bayesian (BIC)   3274.492

　　Sample-Size Adjusted BIC   3230.092

　　(n* = (n + 2) / 24)

Chi-Square Test of Model Fit

　　Value   46.963

　　Degrees of Freedom   6

　　P-Value   0.0000

RMSEA (Root Mean Square Error of Approximation)

Estimate	0.151	
90 Percent C.I.	0.112	0.192
Probability RMSEA <= 0.05	0.000	

CFI/TLI

CFI	0.964
TLI	0.940

Chi-Square Test of Model Fit for the Baseline Model

Value	1146.272
Degrees of Freedom	10
P-Value	0.0000

SRMR (Standardized Root Mean Square Residual)

Value	0.042

　　模式的適配情形中，卡方值為 46.983、自由度為 6、$p < 0.001$、CFI = 0.964 > 0.95、RMSEA = 0.151 > 0.08、SRMR = 0.042 < 0.05、AIC = 3222.639、ABIC = 3230.092，由適配性指標來看，部分指標並未達到理想的適配情形。參數估計的資料輸出如下所示。與模式 3 比較，其模式適配性指標完全一致，詳細內容如表 5-3。

表 5-3：模式 3 與模式 4 的比較一覽表

模式 3

MODEL RESULTS（模式 3）

	Estimate	S.E.	Est./S.E.	Two-Tailed P-Value
INT BY				
MATH1	1.000	0.000	999.000	999.000
MATH2	1.000	0.000	999.000	999.000
MATH3	1.000	0.000	999.000	999.000
MATH4	1.000	0.000	999.000	999.000
MATH5	1.000	0.000	999.000	999.000
PIECE1 BY				
MATH1	0.000	0.000	999.000	999.000
MATH2	1.000	0.000	999.000	999.000
MATH3	2.000	0.000	999.000	999.000
MATH4	2.000	0.000	999.000	999.000
MATH5	2.000	0.000	999.000	999.000
PIECE2 BY				
MATH1	0.000	0.000	999.000	999.000
MATH2	0.000	0.000	999.000	999.000
MATH3	0.000	0.000	999.000	999.000
MATH4	1.000	0.000	999.000	999.000
MATH5	2.000	0.000	999.000	999.000
PIECE1 WITH				
INI	0.058	0.031	1.880	0.060
PIECE2 WITH				
INI	-0.054	0.019	-2.881	0.004
PIECE1	-0.033	0.015	-2.228	0.026
Means				
INI	-1.730	0.050	-34.284	0.000
PIECE1	0.888	0.029	31.024	0.000
PIECE2	0.696	0.022	31.030	0.000

0.696=0.888-0.192

	Estimate	S.E.	Est./S.E.	Two-Tailed P-Value
Intercepts				
MATH1	0.000	0.000	999.000	999.000
MATH2	0.000	0.000	999.000	999.000
MATH3	0.000	0.000	999.000	999.000
MATH4	0.000	0.000	999.000	999.000
MATH5	0.000	0.000	999.000	999.000

模式 4

MODEL RESULTS（模式 4）

	Estimate	S.E.	Est./S.E.	Two-Tailed P-Value
INT BY				
MATH1	1.000	0.000	999.000	999.000
MATH2	1.000	0.000	999.000	999.000
MATH3	1.000	0.000	999.000	999.000
MATH4	1.000	0.000	999.000	999.000
MATH5	1.000	0.000	999.000	999.000
PIECE1 BY				
MATH1	0.000	0.000	999.000	999.000
MATH2	1.000	0.000	999.000	999.000
MATH3	2.000	0.000	999.000	999.000
MATH4	3.000	0.000	999.000	999.000
MATH5	4.000	0.000	999.000	999.000
PIECE2 BY				
MATH1	0.000	0.000	999.000	999.000
MATH2	0.000	0.000	999.000	999.000
MATH3	0.000	0.000	999.000	999.000
MATH4	-1.000	0.000	999.000	999.000
MATH5	-2.000	0.000	999.000	999.000
PIECE1 WITH				
INI	0.058	0.031	1.880	0.060
PIECE2 WITH				
INI	0.112	0.042	2.688	0.007
PIECE1	0.146	0.035	4.214	0.000
Means				
INI	-1.730	0.050	-34.284	0.000
PIECE1	0.888	0.029	31.024	0.000
PIECE2	0.192	0.044	4.406	0.000

0.192=0.888-0.696

	Estimate	S.E.	Est./S.E.	Two-Tailed P-Value
Intercepts				
MATH1	0.000	0.000	999.000	999.000
MATH2	0.000	0.000	999.000	999.000
MATH3	0.000	0.000	999.000	999.000
MATH4	0.000	0.000	999.000	999.000
MATH5	0.000	0.000	999.000	999.000

Variances					Variances				
INI	0.451	0.069	6.533	0.000	INI	0.451	0.069	6.533	0.000
PIECE1	0.113	0.023	4.865	0.000	PIECE1	0.113	0.023	4.865	0.000
PIECE2	0.074	0.021	3.572	0.000	PIECE2	0.253	0.063	4.025	0.000

第二階段的斜率不同，模式 3 是相加（比較小）　　第二階段的斜率不同，模式 4 是相減（比較大）

Residual Variances					Residual Variances				
MATH1	0.324	0.056	5.780	0.000	MATH1	0.324	0.056	5.780	0.000
MATH2	0.265	0.029	9.294	0.000	MATH2	0.265	0.029	9.294	0.000
MATH3	0.199	0.040	5.010	0.000	MATH3	0.199	0.040	5.010	0.000
MATH4	0.207	0.025	8.422	0.000	MATH4	0.207	0.025	8.422	0.000
MATH5	0.109	0.044	2.447	0.014	MATH5	0.109	0.044	2.447	0.014

5.5
模式比較

　　上例模式分析結果的比較如表 5-4。可以利用卡方考驗來比較二次成長或二階段是否比 Linear Model 好。但是模式 2 與模式 3 並沒有互相巢狀（nested），所以它們只能算是另類模型（Alternative Model），若以模式 2 與模式 3 中觀察其 AIC 與 BIC 的值，模式 3 的 AIC 比模式 2 還小，所以模式 3 比模式 2 還好。

表 5-4：線性、二次以及二階段模式比較一覽表

	Model	χ^2	df	CFI	RMSEA	SRMR	AIC	ABIC
1	Linear	136.98	10	0.888	0.206 (0.176-0.237)	0.139	3305	3310
2	Linear & Quadratic	57.35	6	0.955	0.169 (0.131-0.210)	0.049	3233	3240
3	Two Pieces	46.96	6	0.964	0.151 (0.112-0.192)	0.042	3223	3230

　　不過，此範例其實在模式適合度方面都不理想，亦即都不適配，因此若是投稿論文的話可能不會被接受，所以只是當做課堂討論之用。

　　另外需要注意的是，SEM 可以讓研究者考慮許多探索模式。例如，研究者假設受試者個別的成長是呈現簡單的成長軌跡，但在先前研究文獻都沒有呈現其他的模型（線性、二次等等），此時潛在成長模型可以具有未指定的軌跡（未預定），當模式被辨識時即可確定。SEM 同時也允許在不同的時間點之間，具有互相相關的測量誤差，以下將說明混合成長模型。

　　當研究中比較不同母群的資料時，通常研究者都會假設母群是呈常態分配，也許資料的呈現並非都是如此，亦即抽樣時部分的母群呈現是非常態的分配，或者部分是線性、部分是非線性，若是這種情況下的資料混合分析，則稱為混合成長模型（mixtured growth modeling），例如圖 5-36 以三個常態分配的圖形來表示混合成長模型。

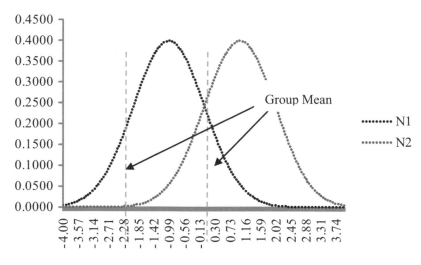

圖 5-36：混合成長模型示意圖

CHAPTER
6

SEM 與 HLM 估計比較

　　SEM 與 HLM 這二個統計分析的方法可以同時進行某種策略的分析，例如第 5 章討論的成長模型中，SEM 與 HLM 都可以進行潛在成長模型的參數估計，以下將利用 SEM 與 HLM 分別估計成長模型，並進行估計時的結果及分析方法上的說明比較。要進行 HLM 的資料分析之前，首先需要將原始資料整理成 HLM 的資料格式，而 HLM 的資料格式是一種階層性的分析資料，以下即是說明如何整理階層性的分析資料。

6.1
整理階層性分析資料

　　分析結構方程模式的資料所需要的資料檔案通常都只有一個，而階層線性模式的資料分析，因為是階層性的分析模式，所以至少需要 Level 1 與 Level 2 二個層次的資料，不過有時候可以將同一份資料同時當做是二個層次的資料來使用。以下即是說明如何將一個資料檔案整理成階層性的資料檔，運上一個章節的資料檔案例說明如下。

1. 利用 SPSS18.0 讀取分析資料檔。

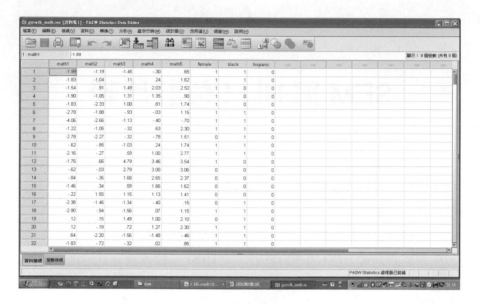

2. 將資料重新架構（Math1→Math5, Math, Time(1,2,3,4,5)）。點選「資料」→「重新架構」，將資料重新架構。

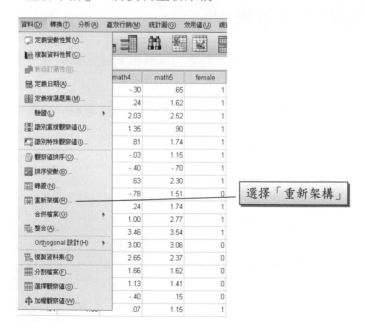

3. 選擇「將選定變數重新架構為觀察值」之後點選「下一步」。

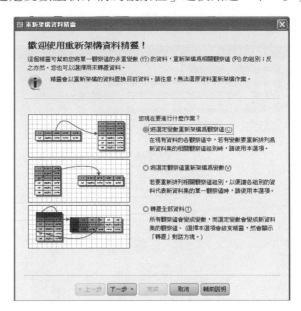

4. 觀察值變數：變數組別數目。請在「要重新架構的變數組別有多少？」
　 選擇「一個」之後點選「下一步」。

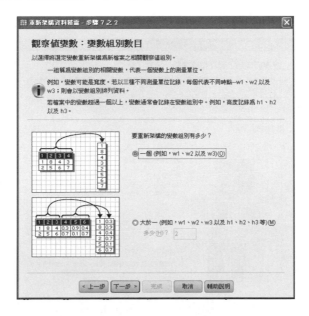

5. 觀察值變數：選擇變數。選擇 Math1 至 Math5 到「要轉置的變數」，
  female、black、hispanic 到「固定變數」後，點選「下一步」。

6. 觀察值變數：建立指標變數。請在「您要建立多少指標變數？」選擇「一
  個」後點選「下一步」。

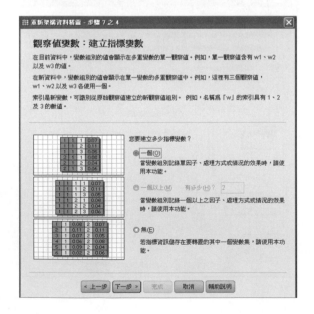

7. 觀察值變數：建立一個指標變數。「編輯指標變數名稱和註解」，可點選「下一步」採用內定值後再更改變數名稱，亦可現在就更改指標變數名稱「TIME」後點選「下一步」。

8. 觀察值變數：選項。「處理未選擇的變數」請選擇「放下新檔案的變數」，「系統遺漏或全部轉置變數均為空白值」請選擇「在新檔案中建立觀察值」後點選「下一步」。

9. 完成。請點選「現在重新架構資料」或者將精靈產生的語法貼到語法視
   窗後再執行（日後再修改類似的重新架構資料較為方便），點選「完成」
   即完成資料的重新架構。

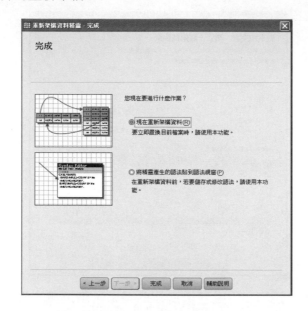

10. 檢視相關資料重新架構後的結果。

	id	female	black	hispanic	TIME	trans1
1	1	1	1	0	1	-1.99
2	1	1	1	0	2	-1.19
3	1	1	1	0	3	-1.45
4	1	1	1	0	4	-.30
5	1	1	1	0	5	.65
6	2	1	1	0	1	-1.83
7	2	1	1	0	2	-1.04
8	2	1	1	0	3	.11
9	2	1	1	0	4	.24
10	2	1	1	0	5	1.62
11	3	1	0	0	1	-1.54
12	3	1	0	0	2	.91
13	3	1	0	0	3	1.49
14	3	1	0	0	4	2.03
15	3	1	0	0	5	2.52
16	4	1	0	0	1	-1.90
17	4	1	0	0	2	-1.05
18	4	1	0	0	3	1.31
19	4	1	0	0	4	1.35

11. 更改 trans1 為 Math 以方便識別，呈現修改過後的資料。

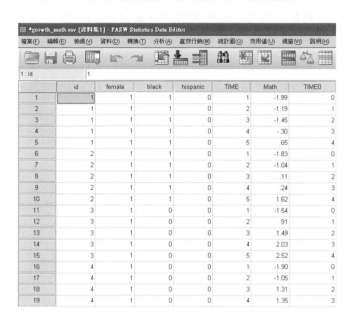

　　以上即是將一個資料檔利用階層變項整理成階層性的資料，接下來即可利用階層線性模式的分析軟體進行分析。

6.2
利用 HLM 軟體分析資料

　　當資料整理成階層性的資料之後，即可利用 HLM 的分析軟體來進行分析，以下階層性的資料即是利用 HLM 這個軟體來進行分析，步驟如下所示。

1. 開啟 HLM 分析軟體。

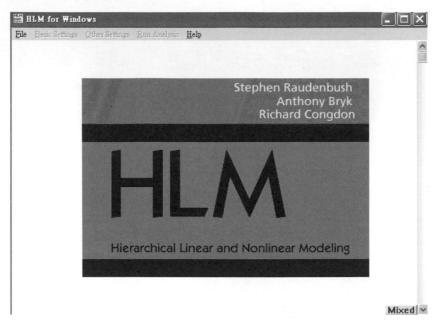

2. 點選「File」→「Make new MDM file」→「Stat package input」，因為輸入的資料是 SPSS 的資料檔，所以要點選「Stat package input」這個選項來製作 HLM 分析的 MDM 檔。

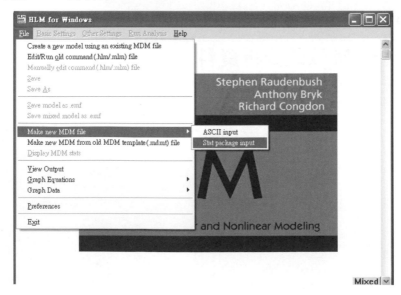

3. 選擇「HLM2」，二層次的資料分析類型。

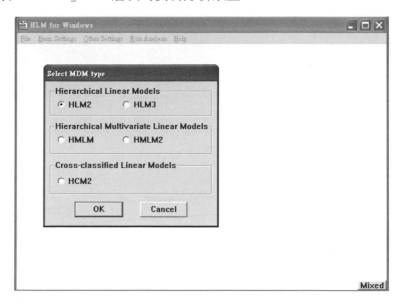

4. 選擇Level1 所需的變項，ID、FEMALE、BLACK、HISPANIC、MATH、
TIME0。

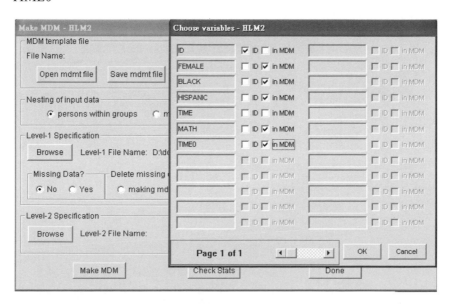

5. 選擇 Level2 所需要的變項，ID（連結 Level1）、FEMALE、BLACK、HISPANIC。

6. 輸入 MDM 的 file 名稱（例如：Math_Growth.mdm），這是提供 HLM 分析用的資料格式檔。

7. 點選「Save mdmt file」，輸入 HLM 分析資料時的暫存檔檔名（例如：Math_Growth.mdmt）後點選「儲存」。

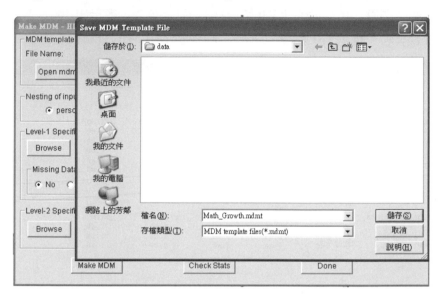

8. 點選「Make MDM」製作 MDM 檔，此時會出現短暫的資料製作過程。

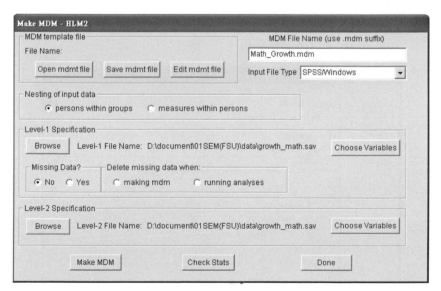

9. MDM 檔製作完成後，點選「Check Stats」查閱製作的結果，由此可以得知 Level 1 以及 Level 2 的變數及資料筆數。300 位受試者，每位受試者有五個時間點，所以共有 1,500 筆資料，而 Level 2 正顯示出 300 位學生的背景資料（種族），點選「Done」開始進行 HLM 的分析模型建立。

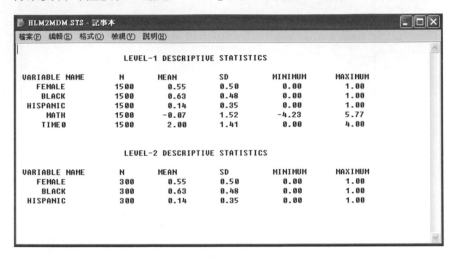

10. 先將 MATH 定義為依變項（輸出變項），而 TIME0 為預測變項，在 Level 2 的部分則截距以及斜率皆要估計殘差（u_{0j}、u_{1j}），預測變項的殘差內定為不估計，所以需要點一下才會估計（由灰色轉為黑色），點選「Run Analysis」後開始分析。

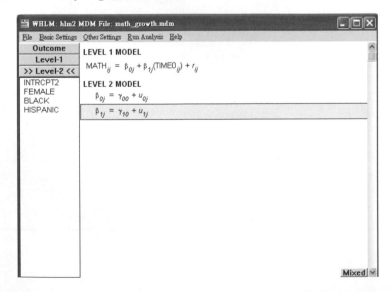

11. 點選「File」→「Viewoutput」查閱輸出結果。

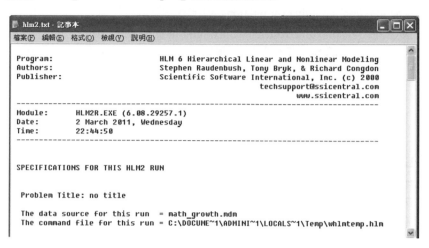

12. 輸出結果。

Program:	HLM 6 Hierarchical Linear and Nonlinear Modeling
Authors:	Stephen Raudenbush, Tony Bryk, & Richard Congdon
Publisher:	Scientific Software International, Inc. (c) 2000
	techsupport@ssicentral.com
	www.ssicentral.com

Module:	HLM2R.EXE (6.08.29257.1)
Date:	2 March 2011, Wednesday
Time:	22:46: 2

SPECIFICATIONS FOR THIS HLM2 RUN

Problem Title: no title

The data source for this run　= math_growth.mdm

The command file for this run = C:\DOCUME~1\ADMINI~1\LOCALS~1\ Temp\whlmtemp.hlm

Output file name = D:\document\data\hlm2.txt

The maximum number of level-1 units = 1500

The maximum number of level-2 units = 300

The maximum number of iterations = 100

Method of estimation: restricted maximum likelihood

Weighting Specification

	Weighting?	Weight Variable Name	Normalized?
Level 1	no		
Level 2	no		
Precision	no		

The outcome variable is MATH

The model specified for the fixed effects was:

Level-1 Coefficients	Level-2 Predictors
----------------------	---------------
INTRCPT1, B0	INTRCPT2, G00
TIME0 slope, B1	INTRCPT2, G10

The model specified for the covariance components was:

Sigma squared (constant across level-2 units)

Tau dimensions

　　INTRCPT1

　　TIME0 slope

Summary of the model specified (in equation format)

Level-1 Model

$Y = B0 + B1 \times (TIME0) + R$

Level-2 Model

$B0 = G00 + U0$

$B1 = G10 + U1$

Iterations stopped due to small change in likelihood function

******* ITERATION 2 *******

Sigma_squared = 0.28946

此為測量誤差，在 HLM 的分析模式中只有一個測量誤差，而 SEM 則每一個觀察變項都允許估計不同的測量誤差。

Tau

INTRCPT1,B0　　0.58629　　　0.01120

TIME0,B1　　　　0.01120　　　0.02350

Tau (as correlations)

INTRCPT1,B0　1.000　0.095

TIME0,B1　　　0.095　1.000

Random level-1 coefficient　Reliability estimate

INTRCPT1, B0　　　　　　　　0.771

TIME0, B1　　　　　　　　　　0.448

The value of the likelihood function at iteration 2 = -1.670020E + 003

The outcome variable is MATH

Final estimation of fixed effects:

Fixed Effect	Coefficient	Standard Error	T-ratio	Approx. d.f.	P-value
For　INTRCPT1, B0					
INTRCPT2, G00	-1.656580	0.050331	-32.914	299	0.000
For　TIME0 slope, B1					
INTRCPT2, G10	0.791897	0.013222	59.894	299	0.000

The outcome variable is MATH

Final estimation of fixed effects

(with robust standard errors)

Fixed Effect	Coefficient	Standard Error	T-ratio	Approx. d.f.	P-value
For INTRCPT1, B0					
INTRCPT2, G00	-1.656580	0.050247	-32.969	299	0.000
For TIME0 slope, B1					
INTRCPT2, G10	0.791897	0.013200	59.994	299	0.000

固定效果的截距以及斜率，分別是 -1.657 以及 0.792，與 SEM 估計潛在成長模型的截距（-1.612）以及斜率（0.773）有所不同，主要是因為 HLM 的測量誤差只有一個（0.28946），而 SEM 則允許每個觀察變項都估計不同的測量誤差（以下是 SEM 所估計出來的測量誤差）。

//	MATH1	0.426	0.050	8.546	0.000
//	MATH2	0.262	0.030	8.736	0.000
//	MATH3	0.379	0.037	10.362	0.000
//	MATH4	0.210	0.025	8.498	0.000
//	MATH5	0.166	0.031	5.402	0.000

Final estimation of variance components:

Random Effect	Standard Deviation	Variance Component	df	Chi-square	P-value
INTRCPT1, U0	0.76570	0.58629	299	1308.35783	0.000
TIME0 slope, U1	0.15329	0.02350	299	541.72031	0.000
level-1, R	0.53801	0.28946			

Statistics for current covariance components model

Deviance = 3340.039952

HLM 並未提供類似 AIC、BIC 等模式比較的值，只有提供 Deviance（-2LL），而若要進行模式比較則可以利用此參數來比較模式的精簡程度，愈小表示模式愈精簡。

Number of estimated parameters = 4

6.3
Mplus 與 HLM 軟體估計結果比較

接下來利用 Mplus 軟體來進行 SEM 的分析，模式為潛在成長模型，並將分析結果與 HLM 分析軟體的分析結果比較，圖 6-1 為利用 SEM 來進行線性潛在成長模型的示意圖。

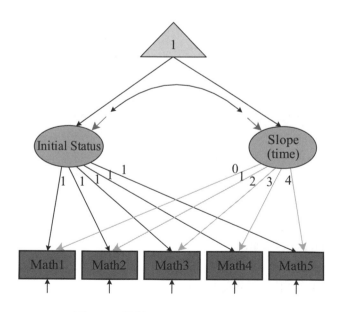

圖 6-1：線性潛在成長模型示意圖

1. Mplus 進行結構方程模式的參數估計程式

DATA:

　FILE IS "mplus_51.dat";

VARIABLE:

　NAMES ARE math1 math2 math3 math4 math5 female black hispanic;

　USEVARIABLES ARE math1 math2 math3 math4 math5;

MODEL:

　ini by math1-math5@1;

　slope by math1@0 math2@1 math3@2 math4@3 math5@4;

　[math1-math5@0];

　[ini slope];

2. SEM 輸出結果摘要

MODEL FIT INFORMATION

Number of Free Parameters　　　　　　　10

Loglikelihood

　　H0 Value　　　　　　　　　　-1642.330

　　H1 Value　　　　　　　　　　-1573.838

Information Criteria

　　Akaike (AIC)　　　　　　　　3304.660

　　Bayesian (BIC)　　　　　　　3341.698

　　Sample-Size Adjusted BIC　　　3309.984

　　(n* = (n + 2) / 24)

Chi-Square Test of Model Fit

　　Value　　　　　　　　　　　136.984

　　Degrees of Freedom　　　　　10

　　P-Value　　　　　　　　　　0.0000

RMSEA (Root Mean Square Error of Approximation)

　　Estimate　　　　　　　　　　0.206

　　90 Percent C.I.　　　　　　　0.176　　　　　0.237

Probability RMSEA <= 0.05		0.000
CFI/TLI		
CFI		0.888
TLI		0.888
Chi-Square Test of Model Fit for the Baseline Model		
Value		1146.272
Degrees of Freedom		10
P-Value		0.0000
SRMR (Standardized Root Mean Square Residual)		
Value		0.139

MODEL RESULTS

	Estimate	S.E.	Est./S.E.	Two-Tailed P-Value
INI BY				
MATH1	1.000	0.000	999.000	999.000
MATH2	1.000	0.000	999.000	999.000
MATH3	1.000	0.000	999.000	999.000
MATH4	1.000	0.000	999.000	999.000
MATH5	1.000	0.000	999.000	999.000
SLOPE BY				
MATH1	0.000	0.000	999.000	999.000
MATH2	1.000	0.000	999.000	999.000
MATH3	2.000	0.000	999.000	999.000
MATH4	3.000	0.000	999.000	999.000
MATH5	4.000	0.000	999.000	999.000
SLOPE WITH				
INI	0.010	0.013	0.749	0.454
Means				
INI	-1.612	0.053	-30.182	0.000
SLOPE	0.773	0.013	57.276	0.000

Intercepts

MATH1	0.000	0.000	999.000	999.000
MATH2	0.000	0.000	999.000	999.000
MATH3	0.000	0.000	999.000	999.000
MATH4	0.000	0.000	999.000	999.000
MATH5	0.000	0.000	999.000	999.000

Variances

INI	0.582	0.066	8.861	0.000
SLOPE	0.023	0.004	5.140	0.000

Residual Variances

MATH1	0.426	0.050	8.546	0.000
MATH2	0.262	0.030	8.736	0.000
MATH3	0.379	0.037	10.362	0.000
MATH4	0.210	0.025	8.498	0.000
MATH5	0.166	0.031	5.402	0.000

每個觀察變項的測量誤差都不同，現在修正估計程式將所有的測量誤差固定。

3. 修改 SEM 程式碼，將測量誤差固定

DATA:

  FILE IS "mplus_51.dat";

VARIABLE:

  NAMES ARE math1 math2 math3 math4 math5 female black hispanic;

  USEVARIABLES ARE math1 math2 math3 math4 math5;

MODEL:

  ini by math1-math5@1;

  slope by math1@0 math2@1 math3@2 math4@3 math5@4;

  [math1-math5@0];

  [ini slope];

  math1(1);

  math2(1);

math3(1);

math4(1);

math5(1);

4. SEM 重新輸出的結果摘要

MODEL FIT INFORMATION

Number of Free Parameters   6

Loglikelihood

    H0 Value   -1664.513

    H1 Value   -1573.838

Information Criteria

    Akaike (AIC)   3341.026

    Bayesian (BIC)   3363.249

    Sample-Size Adjusted BIC   3344.220

    (n* = (n + 2) / 24)

Chi-Square Test of Model Fit

    Value   181.350

    Degrees of Freedom   14

    P-Value   0.0000

RMSEA (Root Mean Square Error of Approximation)

    Estimate   0.200

    90 Percent C.I.   0.174   0.226

    Probability RMSEA <= 0.05   0.000

CFI/TLI

    CFI   0.853

    TLI   0.895

Chi-Square Test of Model Fit for the Baseline Model

    Value   1146.272

    Degrees of Freedom   10

    P-Value   0.0000

SRMR (Standardized Root Mean Square Residual)

    Value   0.124

MODEL RESULTS

	Estimate	S.E.	Est./S.E.	Two-Tailed P-Value
INI BY				
MATH1	1.000	0.000	999.000	999.000
MATH2	1.000	0.000	999.000	999.000
MATH3	1.000	0.000	999.000	999.000
MATH4	1.000	0.000	999.000	999.000
MATH5	1.000	0.000	999.000	999.000
SLOPE BY				
MATH1	0.000	0.000	999.000	999.000
MATH2	1.000	0.000	999.000	999.000
MATH3	2.000	0.000	999.000	999.000
MATH4	3.000	0.000	999.000	999.000
MATH5	4.000	0.000	999.000	999.000
SLOPE WITH				
INI	0.011	0.012	0.938	0.348
Means				
INI	-1.657	0.050	-32.969	0.000
SLOPE	0.792	0.013	59.994	0.000

　　觀察變項的測量誤差固定之後，截距與斜率的估計與 HLM 估計的值就相同了。

Intercepts				
MATH1	0.000	0.000	999.000	999.000
MATH2	0.000	0.000	999.000	999.000
MATH3	0.000	0.000	999.000	999.000
MATH4	0.000	0.00	999.00	999.Value
MATH5	0.000	0.000	999.000	999.000

Variances				
INI	0.584	0.062	9.358	0.000
SLOPE	0.023	0.004	5.205	0.000
Residual Variances				
MATH1	0.289	0.014	21.213	0.000
MATH2	0.289	0.014	21.213	0.000
MATH3	0.289	0.014	21.213	0.000
MATH4	0.289	0.014	21.213	0.000
MATH5	0.289	0.014	21.213	0.000

　　所有觀察變項的測量誤差都固定在同一個值（0.289），與 HLM 估計所得的殘差相同。

　　其中 SEM 的 -2LL = -1664.513 × 2 ×(-1) = 3329.026，而 HLM 的 Deviance = 3340.040，二者（3329 和 3340）差不多相同。在 SEM 中若需要將殘差輸出的話，則在 Mplus 中需要將殘差儲存，亦即可以在 Mplus 程式中的「AVEDATA:」模組內加入「SAVE = FSCORES」；以及將輸出的檔名命為 FILE IS LGM_math_linear.dat，之後再利用記事本開啟這個檔案即可，完整的程式碼如下所示。

```
DATA:
   FILE IS "mplus_51.dat";
VARIABLE:
   NAMES ARE math1 math2 math3 math4 math5 female black hispanic;
   USEVARIABLES ARE math1 math2 math3 math4 math5;
MODEL:
   ini by math1-math5@1;
   slope by math1@0 math2@1 math3@2 math4@3 math5@4;
   [math1-math5@0];
   [ini slope];
SAVEDATA:
   SAVE = FSCORES;
```

FILE IS LGM_math_linear.dat;

參數估計的輸出結果摘要如下所示。

MODEL FIT INFORMATION

Number of Free Parameters   10
Loglikelihood
    H0 Value   -1642.330
    H1 Value   -1573.838
Information Criteria
    Akaike (AIC)   3304.660
    Bayesian (BIC)   3341.698
    Sample-Size Adjusted BIC   3309.984
      (n* = (n + 2) / 24)
Chi-Square Test of Model Fit
    Value   136.984
    Degrees of Freedom   10
    P-Value   0.0000
RMSEA (Root Mean Square Error of Approximation)
    Estimate   0.206
    90 Percent C.I.   0.176   0.237
    Probability RMSEA <= 0.05   0.000
CFI/TLI
    CFI   0.888
    TLI   0.888
Chi-Square Test of Model Fit for the Baseline Model
    Value   1146.272
    Degrees of Freedom   10
    P-Value   0.0000
SRMR (Standardized Root Mean Square Residual)
    Value   0.139

MODEL RESULTS

	Estimate	S.E.	Est./S.E.	Two-Tailed P-Value
INI BY				
MATH1	1.000	0.000	999.000	999.000
MATH2	1.000	0.000	999.000	999.000
MATH3	1.000	0.000	999.000	999.000
MATH4	1.000	0.000	999.000	999.000
MATH5	1.000	0.000	999.000	999.000
SLOPE BY				
MATH1	0.000	0.000	999.000	999.000
MATH2	1.000	0.000	999.000	999.000
MATH3	2.000	0.000	999.000	999.000
MATH4	3.000	0.000	999.000	999.000
MATH5	4.000	0.000	999.000	999.000
SLOPE WITH				
INI	0.010	0.013	0.749	0.454
Means				
INI	-1.612	0.053	-30.182	0.000
SLOPE	0.773	0.013	57.276	0.000
Intercepts				
MATH1	0.000	0.000	999.000	999.000
MATH2	0.000	0.000	999.000	999.000
MATH3	0.000	0.000	999.000	999.000
MATH4	0.000	0.000	999.000	999.000
MATH5	0.000	0.000	999.000	999.000
Variances				
INI	0.582	0.066	8.861	0.000
SLOPE	0.023	0.004	5.140	0.000
Residual Variances				
MATH1	0.426	0.050	8.546	0.000
MATH2	0.262	0.030	8.736	0.000

MATH3	0.379	0.037	10.362	0.000
MATH4	0.210	0.025	8.498	0.000
MATH5	0.166	0.031	5.402	0.000

QUALITY OF NUMERICAL RESULTS

Condition Number for the Information Matrix   0.296E-02
(ratio of smallest to largest eigenvalue)

SAMPLE STATISTICS FOR ESTIMATED FACTOR SCORES

SAMPLE STATISTICS

Means

	INI	INI_SE	SLOPE	SLOPE_SE
1	-1.612	0.312	0.773	0.102

Covariances

	INI	INI_SE	SLOPE	SLOPE_SE
INI	0.485			
INI_SE	0.000	0.000		
SLOPE	0.032	0.000	0.012	
SLOPE_SE	0.000	0.000	0.000	0.000

Correlations

	INI	INI_SE	SLOPE	SLOPE_SE
INI	1.000			
INI_SE	999.000	1.000		
SLOPE	0.424	999.000	1.000	
SLOPE_SE	999.000	999.000	999.000	1.000

SAVEDATA INFORMATION

Order and format of variables

MATH1	F10.3
MATH2	F10.3
MATH3	F10.3

MATH4	F10.3
MATH5	F10.3
INI	F10.3
INI_SE	F10.3
SLOPE	F10.3
SLOPE_SE	F10.3

Mplus 5.0 版在輸出殘差時，只有 INI 以及 SLOPE，而在 Version 6.0 之後則增加 INI_SE 以及 SLOPE_SE。

之後將資料檔（LGM_math_linear.dat）讀入 SPSS，計算預測值，將 Pre_Math1（INI）以及 SLOPE 計算其平均數，將會發現其值就是之前潛在成長模型所估計的截距（INI）與斜率（SLOPE），以下為其描述性統計資料。

敘述統計

	個數	最小值	最大值	平均數	標準差
pre_math1	300	-3.231	0.157	-1.61187	0.697251
slope	300	0.416	1.271	0.77253	0.110374
有效的 N（完全排除）	300				

利用前十名資料所繪製的折線圖進行原始資料（圖 6-2）以及預測圖形（圖 6-3）的比較。

原始資料

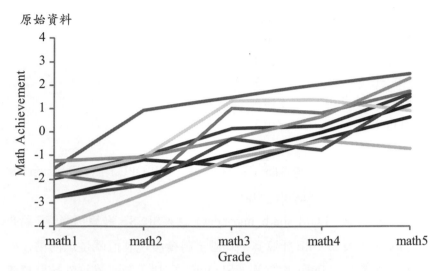

註：只有選擇前十名受試者

圖 6-2：原始資料圖

預測圖形

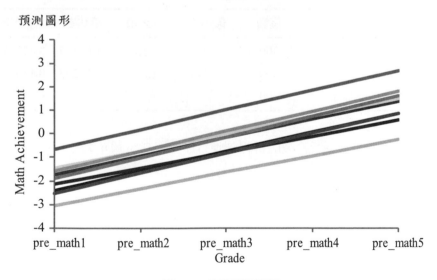

圖 6-3：預測資料圖

二次成長曲線的比較中，因為 HLM 的二次需要自行計算，所以需要先整理資料。以時間點為例（TIME0），先整理成有平方的 TIME0S

（TIME0S = TIME0^2），為了要比較置中的情形（以三年級為平均數為起始值），所以先計算 TIME3 以及平方 TIME3S（TIME3S = TIME3^2），詳細比較如下。

TIME	TIME0	TIME0S	TIME3	TIME3S
一年級	0	0	-2	4
二年級	1	1	-1	1
三年級	2	4	0	0
四年級	3	9	1	1
五年級	4	16	2	4

SPSS 操作如下。

	id	female	black	hispanic	TIME	Math	TIME0
1	1	1	1	0	1	-1.99	0
2	1	1	1	0	2	-1.19	1
3	1	1	1	0	3	-.45	2
4	1	1	1	0	4	-.30	3
5	1	1	1	0	5	.65	4
6	2	1	1	0	1	-1.83	0
7	2	1	1	0	2	-1.04	1
8	2	1	1	0	3	.11	2
9	2	1	1	0	4	.24	3
10	2	1	1	0	5	1.62	4
11	3	1	0	0	1	-1.54	0
12	3	1	0	0	2	.91	1
13	3	1	0	0	3	1.49	2
14	3	1	0	0	4	2.03	3
15	3	1	0	0	5	2.52	4
16	4	1	0	0	1	-1.90	0
17	4	1	0	0	2	-1.05	1
18	4	1	0	0	3	1.31	2

TIME0:0,1,2,3,4（以一年級為起始點）

TIME1:1,2,3,4,5（年級）

計算變數 TIME0S = TIME0 × TIME0、TIME3 = TIME0 − 2、TIME3S = TIME3 × TIME3（以 TIME0S 為例）。

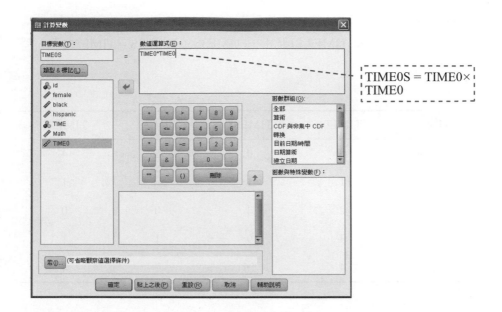

TIME0S = TIME0×TIME0

整理後的資料如下所示。

TIME	Math	TIME0	TIME0S	TIME3	TIME3S
1	-1.99	0	0	-2	4
2	-1.19	1	1	-1	1
3	-1.45	2	4	0	0
4	-.30	3	9	1	1
5	.65	4	16	2	4
1	-1.83	0	0	-2	4
2	-1.04	1	1	-1	1
3	.11	2	4	0	0
4	.24	3	9	1	1
5	1.62	4	16	2	4
1	-1.54	0	0	-2	4
2	.91	1	1	-1	1
3	1.49	2	4	0	0
4	2.03	3	9	1	1
5	2.52	4	16	2	4
1	-1.90	0	0	-2	4
2	-1.05	1	1	-1	1
3	1.31	2	4	0	0

TIME0S = TIME0×TIME0
TIME3 = TIME0−2
TIME3S = TIME3×TIME3

HLM 分析，首先製作資料分析的檔案（二次成長模型）。

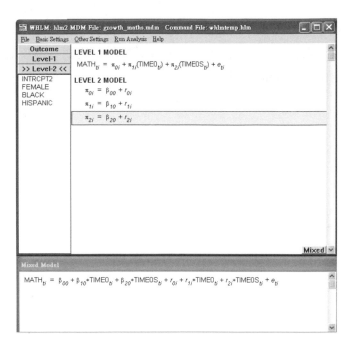

HLM 分析，以三年級為平均數起點的二次成長模型。

因為 HLM 只有一個測量誤差（sigma square），而 SEM 允許每個觀察變項皆有一個誤差，所以要比較時，記得要將所有的觀察變項的誤差設定為一樣。例如下列 Mplus 的程式碼。

math1(1);
math2(1);
math3(1);
math4(1);
math5(1);

分析之後的結果就可以進行比較，在 HLM 隨機效果的模式中如下圖所示進行分析。

HLM 與 Mplus 的分析結果比較。

HLM

Sigma_squared =　0.28946

Fixed Effect	Coefficient	Standard Error	T-ratio	d.f.	Approx. P-value
For　INTRCPT1, P0					
INTRCPT2, B00	-1.218685	0.117346	-10.385	296	0.000
FEMALE, B01	-0.106469	0.099386	-1.071	296	0.285
BLACK, B02	-0.472984	0.119442	-3.960	296	0.000
HISPANIC, B03	-0.583660	0.167360	-3.487	296	0.001
For　TIME0 slope, P1					
INTRCPT2, B10	0.816161	0.031362	26.024	296	0.000
FEMALE, B11	0.031347	0.026562	1.180	296	0.239
BLACK, B12	-0.068772	0.031923	-2.154	296	0.032
HISPANIC, B13	0.013754	0.044729	0.307	296	0.759

Final estimation of variance components:

Random Effect	Standard Deviation	Variance Component	df	Chi-square	P-value
INTRCPT1, R0	0.73987	0.54741	296	1	0.000
TIME0 slope, R1	0.15020	0.02256	296	5	0.000
level-1, E	0.53801	0.28946			

Mplus

MODEL RESULTS

	Estimate	S.E.	Est./S.E.	Two-Tailed P-Value
INI　ON				
FEMALE	-0.106	0.099	-1.079	0.281
BLACK	-0.473	0.119	-3.987	0.000
HISPANIC	-0.584	0.166	-3.511	0.000
SLOPE　ON				
FEMALE	0.031	0.026	1.188	0.235
BLACK	-0.069	0.032	-2.169	0.030
HISPANIC	0.014	0.044	0.310	0.757
SLOPE　WITH				
INI	0.008	0.012	0.702	0.483
Intercepts				
MATH1	0.000	0.000	999.000	999.000
MATH2	0.000	0.000	999.000	999.000
MATH3	0.000	0.000	999.000	999.000
MATH4	0.000	0.000	999.000	999.000
MATH5	0.000	0.000	999.000	999.000
INI	-1.219	0.117	-10.455	0.000
SLOPE	0.816	0.031	26.199	0.000
Residual Variances				
MATH1	0.289	0.014	21.213	0.000
MATH2	0.289	0.014	21.213	0.000
MATH3	0.289	0.014	21.213	0.000
MATH4	0.289	0.014	21.213	0.000
MATH5	0.289	0.014	21.213	0.000
INI	0.538	0.059	9.167	0.000
SLOPE	0.022	0.004	5.008	0.000

　　由上述的結果可以得知潛在成長模型如何利用 SEM 與 HLM 進行分析，其分析結果是一致的，讀者可以自行選用熟悉的軟體以及分析方法進行分析。

參 考 文 獻

Anderson, J. C., & Gerbing, D. W. (1988). Structural equation modeling in practice: A review and recommended two-step approach. *Psychological Bulletin, 103*(3), 411-423.

Asparouhov, T., & Muthén, B. (2009). Exploratory structural equation modeling. *Structural Equation Modeling: A Multidisciplinary Journal, 16*(3), 397 - 438.

Bagozzi, R. P., & Yi, Y. (1988). On the evaluation of structural equation models. *Journal of the Academy of Marketing Science, 16*, 74-95.

Bentler, P. M. (1990). Comparative fit indexes in structural models. *Psychological Bulletin, 107*(2), 238-246.

Bentler, P. M. (2006). *EQS 6 structural equations program manual.* Encino, CA: Multivariate Software, Inc.

Bentler, P. M., & Wu, E. J. C. (2002). *EQS for Windows user's guide.* Encino, CA: Multivariate Software, Inc.

Boomsma, A. (2000). Reporting analyses of covariance structures. *Structural Equation Modeling, 7*(3), 461-483.

Carmines, E. G., & McIver, J. P. (1981). Analyzing models with unobserved variables: Analysis of covariance structures. In George W. Bohrnstedt and Edgar F. Borgatta (eds.), *Social measurement: Current issues* (pp. 65-115). Beverly Hills, CA: Sage Publications.

Fox, J. (2006). Structural equation modeling with the SEM package in R. *Structural Equation Modeling, 13*(3), 465-486.

Hancock, G. R., & Mueller, R. O. (2006). *Structural equation modeling: A second course.* Greenwich: Information Age Publishing Inc.

Hu, L.-T., & Bentler, P. M. (1999). Cutoff criteria for fit indexes in covariance structure analysis: Conventional criteria versus new alternatives. *Structural Equation Modeling, 6*(1), 1-55.

Kline, R. B. (2011). *Principles and practice of structural equation modeling.* NY: The Guilford Press.

Lynam, D., Moffitt, T., & Stouthamer-Loeber, M. (1993). Explaining the relation between IQ and delinquency: Class, race, test motivation, school failure, or self-control? *Journal of Abnormal Psychology, 102*(2), 187-196. doi: 10.1037/ 0021-843X.102.2.187.

McArdle, J. J., & McDonald, R. P. (1984). Some algebraic properties of the Reticular Action Model for moment structures. *The British Journal of Mathematical and Statistical Psychology, 37*(2), 234-251.

McDonald, R. P., & Ho, M.-H. R. (2002). Principles and practice in reporting structural equation analyses. *Psychological Methods, 7*(1), 64-82.

Mulaik, S. A., & Millsap, R. E. (2000). Doing the four-step right. *Structural Equation Modeling: A Multidisciplinary Journal, 7*(1), 36-73.

Schreiber, J. B., Stage, F. K., King, J., Nora, A. & Barlow, E. A. (2006). Reporting structural equation modeling and confirmatory factor analysis results: A review. *The Journal of Educational Research, 99*(4), 323-337.

國家圖書館出版品預行編目（CIP）資料

結構方程模式：Mplus 的應用／陳新豐著.
--初版. --臺北市：心理, 2014.04
面； 公分. --（社會科學研究系列；81224）

ISBN 978-986-191-591-3（平裝）

1.社會科學 2.統計方法 3.電腦程式

501.28   102028174

社會科學研究系列 81224

結構方程模式：Mplus 的應用

作　　者：陳新豐

總 編 輯：林敬堯

發 行 人：洪有義

出 版 者：心理出版社股份有限公司

地　　址：台北市大安區和平東路一段 180 號 7 樓

電　　話：(02) 23671490

傳　　真：(02) 23671457

郵撥帳號：19293172　心理出版社股份有限公司

網　　址：http://www.psy.com.tw

電子信箱：psychoco@ms15.hinet.net

駐美代表：Lisa Wu（Tel：973　546-5845）

排 版 者：臻圓打字印刷有限公司

印 刷 者：龍虎電腦排版股份有限公司

初版一刷：2014 年 4 月

I S B N：978-986-191-591-3

定　　價：新台幣 300 元